GW01465725

LO QUE PASA EN LAS VEGAS…
SE CUENTA EN ESTE LIBRO

Diario de Viaje a los EE.UU:
(Las Vegas - Colorado - Nueva York - Niágara)

Luismi Esteban Casado

Este libro no podrá ser apropiado ni reproducido total, ni parcialmente de ninguna forma y por ningún medio (incluido el electrónico, difusión en internet, medio mecánico u otro como ser fotocopia, grabación o cualquier sistema de almacenamiento o reproducción de información) sin el previo permiso y consentimiento escrito del autor. Todos los derechos reservados.

Libro depositado en el Registro de la Propiedad Intelectual:
TO-107-2019

Es importante tener en cuenta que el viaje del que hablo en esta obra se realizó en el año 2009. Por tanto, no me responsabilizo, ni de coña, de los precios que se mencionan, horarios de apertura y cierre, ni de la disponibilidad de visitar lo que yo vi, ya que en estos años puede haber cambiado todo bastante. De hecho, aquellas cosas que he comprobado que difieren o ya no existen, las aviso en notas a pie de página.

Tras casi diez años, prescribe el compromiso de no contar lo que aconteció en U.S.A., así que me tomo la libertad de hacer una crónica extendida que me ha llevado a terminar este libro.

La mayoría de fotografías incluidas fueron tomadas por Carlos Estévez Martín, Marta Muñoz Crespo, Susana Sendino Ayala y un servidor. El resto se han obtenido de folletos publicitarios, panfletos gratuitos de promoción y postales cuyo copyright pertenece a William Carr.

Gracias a Justo Monroy Pérez por su inestimable ayuda para el diseño exterior y a Marta Muñoz Crespo por su inspirado prólogo.

Dedicado a los protagonistas de la aventura, mis amigos Carlos y Marta, mi pareja Susana y a Noa, quién todavía no estaba siquiera presupuestada.

Toledo, octubre de 2018

ÍNDICE:

Rock Hotel me hace sentir más joven / El vaquero del Pioneer Club, otro icono inevitable, como la calle Fremont / ¿Y la boda quién la paga? / Uniformado como un "Güorrier"

-CAPÍTULO 5: La presa que reconstruyó Superman / Los frondosos bosques de árboles Joshua / Arena roja en mis pulmones / El águila decapitada / Susana como técnico de prevención (Modo On): ¡No os acerquéis al borde! / El Skywalk, o cómo andar sobre las nubes / ¡Qué frío pasé en Colorado!... y no es coña / La próxima vez ¿pillamos habitación en el Luxor?

* SEGUNDA PARTE: NUEVA YORK

-CAPÍTULO 6: Menos mal que jugamos a la ruleta el último día… ¡esto engancha! / Volamos a la ciudad con el más famoso skyline / Cuatro españoles en Nueva York, ¡uo, oó! / ¿Os imagináis el hotel Aznar o Zapatero? /

-CAPÍTULO 7: No es navidad en el Rockcfeller Center / ¡Oh, San Patricio!, ruega por United States / Pisando el piano de "Big" / Nicolas Cage, como un fantasma y sin el "motorista" por delante / Costillas más ricas que las de Adán / El edén del chocolate / Ya, pero yo sobreviví al Titanic / Un Margarita en el Hard Rock Café

-CAPÍTULO 8: La familia Mata… hace honor a su apellido / Recuerdos del Wendy's toledano / Niágara, buen rincón para pedir matrimonio / Otra vez Superman al rescate / El encanto de Canadá / Huracán Bill / Y era un hombre… ¡pero yo lo besé!

-CAPÍTULO 9: En el top de los cielos / MOMA, ¿arte moderno?, ¿arte?, ¿en serio? / Cube de Apple / Cerveza artesana en Heartland Brewery / Gran Manzana, Beso Francés y Chocolate en el hall del Roosevelt / En EE.UU. hay que tener "enchufe"

-CAPÍTULO 10: ¿Misa en Harlem?, no, gracias… ¿seguro? / ¿Unas canastas en NBA Store? / Nunca el ejército fue tan atractivo como en el

PRÓLOGO

Este es el primer prólogo que escribo en mi vida, y confieso que he tenido que buscar en el diccionario de la RAE el significado del mismo. En qué hora, Dios santo.

Parece ser que hay varios tipos de prólogos (dependiendo si se hace para un Ensayo o una Narrativa), y un sinfín de detalles que al leerlos hicieron que se me olvidara la finalidad de su lectura. Por eso tengo la ligera sensación que estas líneas serán de todo, menos un prólogo.

No soy escritora, en alguna ocasión me picó el gusanillo, como se suele decir, pero desistí pronto. Ahora tengo la oportunidad de aportar mi granito de arena a esta entretenida obra, plagada de anécdotas divertidas, descritas con todo lujo de detalles, que nos harán rememorar quince días estupendos y que gracias a este libro serán inolvidables.

Me encanta viajar. Suelo viajar con mi marido y, desde hace tres años y medio, se nos ha unido una pequeñaja que nos hace disfrutar de los sitios que visitamos de manera diferente.

Viajar con la familia – padres, hermanos, tíos, primos… - se me antoja tarea ardua en la que la mano izquierda es más izquierda que nunca, y la paciencia se desarrolla hasta cotas insospechadas si quieres tener un viaje "tranquilo", claro.

Viajar con los amigos "it's different!". Ya desde el principio, desde que se empieza a planear, se hace de manera diferente. Sobre todo, si es la primera vez que cuatro buenos amigos se van a embarcar en la gran aventura americana.

Al empezar a escribir se me agolparon en mi cabeza multitud de recuerdos, frases, imágenes, … y una ligera sonrisa se me esbozaba en mi cara al pensar en ello.

Recuerdo las reuniones que teníamos para repartirnos el trabajo: quién se encargaba de los billetes y hoteles, de buscar restaurantes chulos, y una de las cosas más importantes de todo viaje que se precie… ¡las tiendas y centros comerciales!

Tenían mucho encanto porque suponía poner en común todo lo que habíamos preparado y nos deleitábamos al pensar en ello. Lo saboreábamos, se nos disparaba la imaginación y lo disfrutábamos.

Es como cuando vas a hacer un regalo a alguien y cuando ya lo tienes, no dejas de imaginar si le gustará, la cara que pondrá al verlo…

Afortunadamente el viaje fue mucho mejor de lo que nos pudimos imaginar, por lo menos para mí. Y este libro lo refleja muy bien. Espero que cuando otros lo lean les transporte a los sitios que se describen con la misma intensidad, emoción y se diviertan tanto como nosotros viviéndolo.

Gracias por tejer con literatura aquel viaje. Gracias por permitir que ninguno de nosotros olvide El Gran Cañón y su "…tened cuidado, ¡a ver si venimos cuatro y volvemos tres!", Las Cataratas de Niágara, los viajes en el Mustang, nuestras famosas frases, ni a Chicho Rizo.

Chicos, este ha sido mi primer viaje con vosotros y no cambiaría ni una foto, ni una risa, ni un "pray for us" …nada… salvo una cosa, visitar la tienda de Emanenms en el mismo instante que la vi en Las Vegas.

Marta Muñoz Crespo

INTRODUCCIÓN

CAPÍTULO 0 - DÍA 0: 13-8-09. Jueves.

Nací a los 33, en Las Vegas / Viaje de novios, sin boda / Lo que pase en Las Vegas… será contado a la vuelta (muchos años después) / Siempre quise ir a L.A…, a L.V. y a N.Y. (¿Loquillo dixit?)

Muchos de nuestros sueños al principio parecen imposibles, luego parecen improbables, y entonces cuando convocamos la voluntad, se hacen inevitables

Frase de la película *Superman* (1978)

- A mí también me gusta viajar.
- ¿En qué sitios has estado?
- Nunca he podido viajar, pero sé que me gustaría

Diálogo de la película *The Warriors* (1979)

Cuando acontecen sucesos extraordinarios, fuera de la vida habitual, tendemos a negarlos, a no creerlos del todo. Ocurre con claridad ante la muerte de un ser querido: tardamos tiempo en asimilar el hecho, en darlo por cierto. Siempre hay algo en nuestro interior que nos dice *"el día menos pensado le vuelvo a ver"*, *"cuando vaya a tal sitio, le encontraré"* y mensajes similares. Pero no, la mente tarda en convencerse de que esa persona ya no está.

Así me siento en estas fechas de principios de agosto, ya que no me creo aun lo que va a ocurrir. La historia que voy a narrar es excepcional, no por su dramatismo o imprevisibilidad, sino por su tremenda carga positiva, por su rareza y porque nunca me planteé en serio vivir algo que parecía tan lejano.

Dentro de unas horas, subiré a bordo de un avión con destino a los Estados Unidos de América. Voy a visitar Las Vegas y Nueva York. No es fácil poder realizar un viaje de esta índole durante 14 días y lleno de citas especiales. Por eso, mi cabeza y mi corazón no reaccionan con la expectación que el momento requiere, están aletargados. Tengo la sensación de que mañana es un día más, un vuelo más y, es posible que, hasta que no vea con mis propios ojos los neones refulgentes de la ciudad del pecado o los rascacielos de Manhattan, no aceptaré que estoy emprendiendo la aventura de mi vida.

Los elegidos son mis amigos Carlos y Marta, casados y residentes en Azucaica (Toledo), mi novia Susana y el arriba firmante.

Estos últimos días he pensado que me iba a ocurrir una desgracia, léase enfermedad, esguince o similar, en un inusitado ataque de inseguridad. Creía que, un episodio fruto de la mala suerte, haría que me perdiera las vacaciones. Tuve algunos problemas en un ojo en el que parecía albergar una mancha, corte o algo que dificultaba mi visión. En urgencias no le dieron importancia y calmaron mis miedos explicando que, el origen de ellos, podía estar en el avance-retroceso de sustancias en el fluido intraocular.

Nunca he preparado un desplazamiento con tanto detalle. Durante varios meses atrás, he sacado tiempo para usar googlemaps, crear rutas, rastrear por internet, incluso seleccionar mp3 para escuchar en el Mustang que tenemos pensado alquilar. Sería una pena ir conduciendo un descapotable rojo por el desierto de Nevada y pensar de repente "*¡oh no!, ¡teníamos que haber traído rock'n'roll para poner banda sonora a este momento!*".

También actualizo el pasaporte, contrato un seguro de asistencia en viaje para imprevistos médicos (251,73€ para cuatro personas) o situaciones parecidas ya que, si tenemos que acudir a un hospital, la factura puede ser desorbitada, y me saco el carnet de conducir internacional. Tiene un aspecto muy retro, que recuerda a tiempos de Alfredo Landa. Puedes obtenerlo en

ESTA *Electronic System for Travel Authorization*
U.S. Department of Homeland Security

Número de solicitud

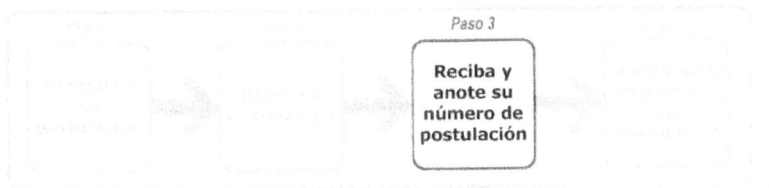

Paso 3

Reciba y anote su número de postulación

Número de solicitud

RXRXX3R7R17K4552

Dirección durante estadía en Estados Unidos

Dirección Línea 1
HOTEL CAESARS PALACE

Dirección Línea 2

Ciudad
LAS VEGAS

Estado
NV

Se aplica a usted algo de lo siguiente? (Responda Sí o No)

A) ¿Padece usted una enfermedad contagiosa; un desorden físico o mental; o es un consumidor o adicto a una droga? — No

B) ¿Alguna vez ha sido arrestado o declarado culpable por un delito o crimen que involucre depravación moral o una violación respecto de una sustancia controlada; o ha sido arrestado o declarado culpable por dos o más delitos para los cuales la sentencia total a encarcelamiento fue de cinco años o más; o ha sido un traficante de sustancias controladas; o está tratando de entrar para participar en actividades criminales o inmorales? — No

C)¿Alguna vez ha estado o está ahora involucrado en espionaje o sabotaje; o en actividades terroristas: o genocidio; o entre 1933 y 1945 estuvo involucrado, de alguna manera, en persecuciones asociadas con la Alemania Nazi o sus aliados? — No

D)¿Pretende buscar trabajo en EE.UU.; o alguna vez ha sido excluido y deportado; o ha sido anteriormente retirado de Estados Unidos o ha procurado o intentado procurar una visa o ingreso a EE.UU. mediante fraude o falso testimonio? — No

E) ¿Alguna vez ha detenido, retenido o impedido la custodia de un niño a un ciudadano estadounidense que haya obtenido la custodia del niño? — No

F)¿Alguna vez se le ha negado una visa a EE.UU. o el ingreso a EE.UU. o se le ha cancelado una visa a EE.UU.? — No

Si es así: cuándo

dónde

G)¿Alguna vez ha hecho valer su inmunidad frente a una acusación? — No

15

- Caesars Palace
- Mandalay Bay
- Luxor
- Gun Store
- Las Vegas Gun Range & Firearm
- Stoney's Rockin Country
- Dream Car Rentals
- Bellagio
- The Mirage
- Treasure Island Hotel and Casino
- The Venetian Resort-Hotel-Casino
- Rio Hotel & Casino
- Flamingo Las Vegas
- Luxor Hotel and Casino
- Tropicana Casino
- New York-New York Hotel & Casino
- Fremont Hotel & Casino
- Mystic Falls Park
- MGM Grand Las Vegas
- Wynn Las Vegas
- Hooters Casino Hotel
- County of Clark Clerk Marriage Bureau
- Desert Passage At Aladdin

EEUU-2009-NY

- Battery Park and Ferry
- Estatua de la Libertad
- World Financial Center Arts
- Federal Hall National Memorial
- Toro Wall Street
- Federal Reserve Bank of Ne
- World Trade Center
- Grand Central Station
- Chrysler Edificio
- Flatiron Edificio
- TriBeCa
- Trinity Church
- St. John the Divine Cathedral
- Misa Gospel 1?
- Misa Gospel 2?
- Misa Gospel 2?
- New York Botanical Garden
- Staten Island Botanical Gard
- Tavern On the Green
- Literary Walk Tiles
- Top of the Rock
- Naumburg Bandshell

16

tráfico, rellenando un formulario y aportando dos fotos, copia del dni, del carnet conducir y 9,40 euros.

Un documento imprescindible a cumplimentar es el certificado E.S.T.A.: Electronic System for Travel Authorization. Debe hacerse a través de internet o de la embajada, al menos 72 horas antes de iniciar al desplazamiento. En él, hay que responder a preguntas bastante llamativas como, por ejemplo, si somos consumidores de drogas, si estamos involucrados en espionaje o en persecuciones asociadas con la Alemania nazi, si tenemos alguna enfermedad contagiosa o si hemos cometido un crimen que involucre depravación moral, entre otras cuestiones. Ni que decir tiene que las contestaciones deben ser negativas, ya que poner un "Sí", aunque sea para hacer una broma, nos puede costar caro (como mínimo un registro en el aeropuerto, o que nos denieguen la entrada al país). De esta manera, se pretende determinar si nuestro perfil plantea un riesgo para la seguridad y el orden.

Otra novedad de esta aventura, es que pienso usar una pequeña libreta para escribir en cada momento los detalles y así no olvidar nada de lo sucedido. No relataré, ni desarrollaré los hechos, sino que me limitaré a anotar los lugares visitados, fechas, situaciones, anécdotas, etc. Creo que los sentimientos o emociones no se pierden nunca, pero sí los recuerdos. Si tengo reflejado lo que nos pase de manera minuciosa, será fácil desarrollar posteriormente todo lo que me transmitan esos manuscritos. No quiero arriesgarme a olvidar nada de lo que ocurra en el nuevo mundo[1].

Romperé pues, la máxima aquella que dice que *"lo que pasa en Las Vegas, se queda en Las Vegas"* y trataré de ser lo más puntilloso posible en mis reseñas.

La marca o el nombre de la libreta es *Y.Z. Amigos*. Ni idea del significado de las primeras iniciales, pero no tengo ninguna duda sobre lo acertado del título, por quien me acompaña.

---

[1] Este libro es el resultado de aquel diario de bitácora.

PRIMERA PARTE: LAS VEGAS

CAPÍTULO 1 - DÍA I: 14-8-09. Viernes.

América, América… ya estamos aquí / It's a long way to the top, if you wanna Las Vegas (AD/DC dixit) / Aventura de altos vuelos / Nunca en mi vida he tenido tanto tiempo libre como en los aeropuertos / La ciudad de las gigaluciérnagas

- Dame una razón… y no me digas la pasta. ¿Por qué hacerlo?
- ¿Por qué no hacerlo?
- Tú eres suicida, ¿verdad?
- Solo por las mañanas

Diálogo de la película Ocean's Eleven (2001)

Un dólar ganado en el juego es el doble de dulce que un dólar ganado en tu sueldo

Frase de la película *El Color del Dinero* (1986)

El madrugón ha sido placentero debido a la causa. Tampoco he dormido mucho, puesto que los preparativos se alargaron hasta tarde y los nervios no han abierto la puerta a Morfeo, a pesar de sus llamadas con golpes toscos.

Me despierta la alarma del teléfono móvil con la melodía de *A Beautiful Morning* de The Rascals, que me acompañará las mañanas de esta odisea. Siempre me recuerda a Woody Harrelson en una escena de la película Vaya Par de Idiotas (Kingpin), en la que se levanta de la cama rompiendo el despertador con su mano de garfio, mientras suena esta canción.

Para no comprometer la puntualidad del vuelo, salimos de Toledo en el Ave de las 7:20 horas. Así que el desayuno es liviano y la ducha rápida, pero imprescindible, pues no sabemos cuánto tiempo pasará hasta que podamos asearnos en condiciones.

Carlos viene por nosotros a las 6:30, mientras Marta se acerca en otro coche con Rashmi, la amiga india que ha ejercido de invitada en su hogar durante la última semana. El equipaje que cargamos está vacío en su mayor parte y la ropa adjunta es vieja o prescindible, para ir sustituyéndola por compras americanas. Los precios de las marcas autóctonas y la diferencia euro-dólar (nuestra moneda europea vale en estos tiempos 1,41 dólares) nos hacen sentir muy esperanzados a la hora de preparar las maletas.

Días antes, tormentas importantes han afectado el normal transcurrir del servicio de Ave. Por ello, a través de megafonía, suspenden unilateralmente el compromiso de puntualidad, por si las moscas, para no tener que devolver los importes de los billetes si encontramos sorpresas.

Tras llegar al aeropuerto de Barajas, nos despedimos de Rashmi, facturamos lastre y hacemos tiempo hasta las 11:30, hora de partida hacia el sueño americano. Allí son las cinco y media de la mañana. Cuando arribemos, si todo sale como mandan los cánones, serán la una y media de la tarde (yanki hour, en adelante YH) y las siete y media en España.

Continental Airlines es la compañía a la que decidimos confiar nuestras vidas, aunque parecen bien protegidas gracias al párroco sentado delante de Carlos. Viajar con un representante de Dios nunca está de más. Como reservamos con muchos meses de antelación, el coste de los billetes fue muy asequible. Madrid-Nueva York ida y vuelta, 668,57€ y Nueva York-Las Vegas ida y vuelta, unos 224,90€. Así que por menos de mil euretes cruzaremos el gran charco.

El trayecto se presenta a priori cómodo, ya que cada asiento dispone de una pantalla individual con acceso a juegos, películas, series, música, etc. Un pequeño icono con un avión va marcando el lento avance por el mar, desde Europa a América.

Exploro las carpetas musicales con desconfianza, encontrando lo de siempre: Madonna, Sinatra, Robbie Williams y un cúmulo de comercialidad

Poker Rooms

In the last decade, poker has become the top games of chance in Las Vegas. You'll find most casinos have rooms, with the primary games being Texas Hold'em and seven card stud. Several other types of poker are also offered that may be better suited to the recreational player. Here's a chart to guide you—so you can pull up a chair and try your hand!

Arizona Charlie's Decatur, Smoking, 4 tables
Bally's Non-smoking, 7 tables
Bellagio Non-smoking, 30 tables
Binion's Non-smoking, 14 tables
Boulder Station Smoking, 9 tables
Caesars Palace Non-smoking, 63 tables
Cannery Non-smoking, 12 tables
Circus Circus Non-smoking, 10 tables
El Cortez Smoking, 2 tables
Excalibur Non-smoking, 20 tables
Fiesta Henderson Smoking, 6 tables
Fiesta Rancho Smoking, 5 tables
Fitzgeralds Non-smoking, 6 tables
Flamingo Non-smoking, 12 tables
Gold Coast Non-smoking, 8 tables
Golden Nugget Non-smoking, 10 tables
Green Valley Ranch Non-smoking, 14 tables
Hard Rock Hotel 18 tables
Harrah's Non-smoking, 10 tables
Hooters Non-smoking, 3 tables
Imperial Palace Non-smoking, 9 tables
Luxor Non-smoking, 14 tables
Mandalay Bay Non-smoking, 5 tables
MGM Grand Non-smoking, 23 tables
Monte Carlo Non-smoking, 31 tables
The Mirage Non-smoking, 9 tables
The Orleans Smoking, allowed between 3 a.m.-9 a.m. 23 tables
O'Sheas Smoking, 2 tables
Palace Station Non-smoking, 10 tables
Palms Non-smoking, 10 tables
Paris Non-smoking, 10 tables
Planet Hollywood Non-smoking, 10 tables
Plaza Non-smoking, 10 tables
Red Rock Casino Non-smoking, 20 tables
Rio Non-smoking, 10 tables
Riviera Non-smoking, 6 tables
Sahara Non-smoking, 11 tables
Sam's Town Non-smoking, 9 tables
Silverton Non-smoking, 5 tables
South Point Non-smoking, 8 tables
Suncoast Non-smoking, 12 tables
Sunset Station Smoking, allowed during graveyard hours, midnight-8 a.m. 7 tables
Stratosphere Non-smoking, 8 tables
Texas Station Non-smoking, 8 tables
Treasure Island Non-smoking, 8 tables
Tuscany Smoking, 5 tables
The Venetian Non-smoking, 39 tables
Wynn Non-smoking, 27 tables

Gmail – eTicket Itinerary and Receipt for Confirmation DPKFFB

Gmail

eTicket Itinerary and Receipt for Confirmatio...

Continental Airlines, Inc. <continentalairlines@continental.com>

Carlos Estévez

To ensure delivery of this e-mail, please add **continentalairlines@continental.com** to your address book. See instructions for adding us to your address book.

Sa

Continental Airlines

Issue Date: May 30, 2009

Confirmation
DPKFFB

Print your boar
at contine
within 24 hou

Traveler
SENDINOAYALA/SUSANAMS
ESTEBANCASADO/LUISMIGUEL
MUNOZCRESPO/MARTAMS
ESTEVEZMARTIN/CARLOSMR

eTicket Number
0052184031638
0052184031639
0052184031640
0052184031641

Frequent Flyer

FLIGHT INFORMATION

Day, Date	Flight	Class	Departure City and Time	Arrival City and Time	Aircraft
Fri. 14AUG09	CO63	V	MADRID (MAD) 11:35AM	NEWARK EWR (EWR) 2:20PM	757-20
			NEWARK EWR (EWR) 10:00PM	MADRID (MAD) 11:35AM (28AUG)	757-200
Fri. 28AUG09	CO144	V			

previsible. Cuál es mi sorpresa al tropezar con el primer lp de Van Halen, *Back in Black* de AC/DC, el álbum negro de Metallica, el *Rocks* de Aerosmith o el *Volumen IV* de Led Zeppelin. Por supuesto que hay clásicos buenos "no de Heavy Rock" como el *Born in the Usa* de Springsteen, éxitos de Chuck Berry, Muddy Waters u Ottis Reading. ¿Nada español?, pues solo Julio Iglesias, así que cambio de tercio.

Pruebo los juegos, poco sensibles al golpeteo táctil de mi dedo. En algunos hay que maltratar tanto la pantalla, que el pasajero delantero debe estar acordándose de mi familia. Las multipartidas con Carlos al "hundir la flota" son realmente amenas. También me entreno con un programa llamado Casino y me familiarizo, con poco éxito, con el blackjack o la ruleta. Se me dan mejor las tragaperras o el póker a un descarte.

Las pelis solo las sondeo por encima, prestando más atención a las escenas de acción de Fast & Furious, y mi chica se entretiene con la serie Friends. Hay variedad de filmes modernos y clásicos, en blanco y negro.

Porto mi propia música en un mp3, pero el ruido típico de los motores del avión provoca que tenga que subir excesivamente el volumen, así que prescindo de la misma.

Otro recurso para evitar el aburrimiento es leer. En el aeropuerto, mientras Susa hacía acopio de revistas sobre moda, marujeos o maquillaje, yo oteaba las publicaciones informativas de marcada índole irónica. En otras palabras, me pillé El Jueves (número 1681, año XXXII).

Disfruto de su sentido del humor en noticias como el plan de "austeridad" en las vacaciones de la familia real, los trajes de Camps o el sueldo de Messi. Al llegar a la sección En Familia, veo las fotos que manda la gente desde cualquier lugar del mundo con un ejemplar en las manos y claro, rápido pienso en la posibilidad de enviar una desde alguno de los maravillosos lares que nos esperan. Si no la publican en la edición en papel, al menos espero que aparezca en la web, en la página El Jueves por el Mundo.[2]

Nuestro muñeco Pumucky se hace las primeras instantáneas en el avión, junto a George Washington, con un billete de un dólar. Pumucky es un títere de madera que me regaló mi hermana tras un viaje por Eslovenia. Mi

---

[2] Y así fue, salimos desde Niágara. Lo relato en la página 191.

amigo Justo creó un blog[3] en el que aparece contando sus aventuras por todo el planeta. Cada vez que algún conocido tiene que hacer un desplazamiento interesante, se lleva como compañero a este simpático monigote para inmortalizarlo al lado de monumentos, efigies, edificios o paisajes del mundo. Aún no conoce EE.UU., así que se viene con nosotros, como siempre, de gorrón.

Continúo apostando por el ocio literario y vuelvo a optar en un vuelo por Sir Arthur Conan Doyle y su celebérrimo personaje Sherlock Holmes. El libro escogido: El Valle del Terror. Gran elección, me permito añadir, ya que el suspense, la originalidad y la emoción de este tipo de obras detectivescas, consiguen que me olvide, durante mucho tiempo, del tedioso éxodo en el que me encuentro.

La cercanía de Nueva York, me hace forzar el cuello para apreciar el skyline de la ciudad a través de la ventanilla del avión. No lo puedo ver y me tengo que conformar con observar solo el aeropuerto.

Aterrizamos tras ocho duras horas y aún no me creo dónde estoy. Una amalgama de sensaciones se entremezclan: exaltación, cansancio, curiosidad, ilusión, etc.

El primer contacto con la aduana lo afronto temeroso. Nos hacen volver a rellenar el certificado E.S.T.A., a pesar de llevarlo ya cumplimentado desde España. Carlos es el primero en pasar la seguridad, luego Marta y Susana, a quién le toca un oficial que no solo habla español, sino que además ha estado varios años en la academia de infantería de Toledo… ¡increíble!. Opto por ponerme en la fila del mismo. Es un tipo educado y agradable. Me hace el control de retina, huellas fotográficas en la mano, preguntas de rigor… y ya está. Hemos pasado, estamos legalmente en los Estados Unidos de América. Será el primero de los muchos registros a los que nos someteremos. Tras la entrada a "los states", queda pasar el control para el aeropuerto Newark, ya que una cosa es acceder al país y otra seguir volando dentro.

---

[3] http://pumukyviajero.blogspot.com/

Vuelvo a estar inquieto por las preguntas, los agentes enormes, el detector de metales, etc. Un policía gordote, a lo Big Boss Man, de la World Wresting Federation[4], nos pregunta nuestro destino. Yo solo entiendo algo así como *"weeyoufou?"*. Carlos me traduce *"where are you go?"* y me doy cuenta que sí, que esa es la cuestión, pero está claro que no tengo los oídos educados para otros idiomas. Tras escuchar nuestra respuesta, el agente empieza a tararear el *Viva Las Vegas* de Elvis Presley. De nuevo me sorprende la conducta de quienes, creía, debían dar miedo o imponer bastante respeto. No son tan fieros como los pintan. Tengo que insistir en que nos veríamos sometidos a muchos controles de seguridad, pero siempre con educación, respeto e incluso simpatía. Supongo que mucha gente se habrá sentido molesta con la experiencia y pensará que los norteamericanos son unos paranoicos, pero mi vivencia en este sentido ha sido positiva. Creo que, si estas cosas se hacen con cortesía, no deberían perturbar a nadie. También hay que ponerse en el lugar de un país que ha sufrido uno de los atentados más espectaculares de la historia, por lo que las medidas de precaución a tomar, deben ser acordes con lo sufrido.

Facturamos otra vez y nos libramos del agobiante peso de las maletas. La vuelta a España será mucho peor, seguro.

En el aeropuerto escuchamos de vez en cuando a transeúntes hablando nuestra lengua. Me fijo en la muchedumbre, en su comportamiento, en cómo te miran y hablan al entrar en una tienda y ya empiezo a notar diferencias con mi patria. No veo ningún establecimiento con detectores antirrobo a la salida, incluso me sorprende la actitud de la dueña de un kiosco de periódicos, alejándose continuamente de él y dejando el género accesible para los mangantes. La gente se acerca, hurga, hojea, hasta algún niño atrapa alguna chuchería. Se acerca a la madre y le hace devolver todo a su sitio, mostrando la lógica decepción por la negativa materna. Esto sucede ante la indiferencia de la quiosquera. Nadie se lleva nada sin pagar.

Hay cadenas de restaurantes muy chulas: además de los clásicos burger, pizzerías, puestos de perritos, etc., veo una hamburguesería ambientada totalmente en los años 50, con un rótulo en el que pone "Welcome to the

---

[4] Lucha libre americana, conocida en España como Pressing Catch.

25

26

Garden State!" y con un Cadillac pegado en la parte alta de la fachada. Los recuerdos de la película Grease son inevitables.

Nos sentamos en una zona en la que confluyen muchos locales de comida rápida y picamos algo. Marta y Susana toman una magdalena sabor blueberry (como el personaje de tebeo del lejano oeste) de color azulado y sabor dulce. Es una fruta muy apreciada en Estados Unidos, país que es el principal productor mundial de la misma, donde la encontramos en forma de pasteles, zumos, mermeladas, helados, yogures, golosinas, etc. En España lo más parecido, creo yo, sería un arándano.

Se hace un poco pesada la espera de cinco horas, pero mejor así, pues haber tenido el tiempo justo hubiera sido muy arriesgado frente a posibles retrasos en el primer vuelo. También hemos escuchado muchos casos en los que, por tener apellidos parecidos o iguales a algún delincuente buscado, te tienen retenido un largo periodo. Son muchas las cosas que te pueden hacer perder el avión.

Aunque dan ganas de quedarse a explorar la ciudad con el skyline más famoso del globo, a las 19:30 horas (YH) comienza el viaje a la ciudad del pecado (la 1:30 de la noche en España). Llevamos 19 horas en pie, pero la mayoría del día lo hemos pasado sentados.

De nuevo las normas de seguridad, chaleco salvavidas, etc., y pienso en el chiste de Gila adaptándolo a los Estados Unidos: de Nueva York a Las Vegas ya sería mala suerte caer en un charco. Sí, pasamos varios charcos, tan enormes que me hacen dudar de si atravesamos el país por la zona de los grandes lagos.

En este segundo vuelo ya no estoy tan entretenido y es que el desgaste hace mella. Ya no me apetece leer a Holmes, ni escribir canciones o poemas, ni siquiera oír música. Los 120 últimos minutos de trayecto se hacen interminables para mi espalda, que airea sus quejas en forma de impulsos eléctricos, calambres y pinchazos. Ya no sé cómo ponerme y toda postura resulta incómoda.

Mientras, Marta y Susana ven en los monitores de la aeronave el largometraje Confesiones de una Compradora Compulsiva. El título lo dice todo: moda, complementos, sociedad consumista y gastos excesivos

Caesars Palace Las Vegas Reservation Confirmation # CQ42P

Caesars Palace Las Vegas <emails@em.harrahs-notifications.com>
Reply-To: Caesars Palace Las Vegas <emails.NUE9T0.807685@em.harrahs-notifications.com>

Fri, Jun 5, 2009 at 10:20 PM

To view this message in your web browser, please Click Here

HARRAHS | RESERVATIONS | CASINO LOCATOR | CUSTOMER SERVICE | HOT DEALS | TOTAL REWARDS

CAESARS PALACE HOTEL CONFIRMATION

Caesars Palace Las Vegas

RESERVATION CONFIRMATION
This is an automatically generated e-mail. Please DO NOT REPLY to this e-mail.

Dear SUSANA SENDINO AYALA,

Thank you for choosing Caesars Palace Las Vegas. Your confirmation number and reservation details are below. Please keep this page for your records. **Confirmation Number: CQ42P**

3570 Las Vegas Blvd South
Las Vegas, NV 89109
1-877-427-7243

At The Colosseum, tickets are on sale now for Bette Midler's critically acclaimed production, The Showgirl Must Go On, as well as for Jeff Dunham and Jerry Seinfeld. Before the show, enjoy Restaurant Guy Savoy for just $98 per person with their pre-theater menu. And the playful atmosphere at Serendipity is as appealing as the stupendous food and drinks. Pamper yourself at Color, A Salon by Michael Boychuck - the colorist to the stars - and Qua Baths & Spa, the most luxurious spa in the world. Visit Caesars Palace online for more information on our resort. When you check in, ask about room upgrades and special beverage packages that give you the convenience of in-room refreshment without the room service prices! Please be advised that the state of Nevada has changed the room tax structure effective July 1, 2009. Please see Terms and Conditions for additional information.

Start Earning Reward Credits - for everyday purchases - even before you visit!
Apply for the Total Rewards® Visa® card today and receive 2,500 Bonus Reward Credits® after making your first transaction with your new card. Plus, your everyday purchases earn 1 Bonus Reward Credit® for every $1 you spend. The more you spend, the more you earn. Click here for more information and to apply! Or call 1-866-438-6262 and

The Life *You* Were
Meant to Live

CAESARS PALACE
LAS VEGAS

To unlock door, insert and remove keycard. (other side up)

This keycard is protected with your own unique id number.

31 Valid only during stay. To extend stay, your keycard must be re-coded.

Each lock keeps a security record of every entry.

Reservations
1-800-634-6661
caesarspalace.com

ROOM # 705
TOWER Roman

WELCOME

Welcome to Caesars Palace, the world's most exciting casino resort.

This directory contains information you will find helpful during your stay with us. Our many services, amenities and facilities have been designed to accommodate your needs and wishes.

We are honored that you have chosen to stay at Caesars Palace during your Las Vegas visit. We will strive to provide you with a flawless vacation experience. Should the occasion arise, do not hesitate to call upon the appropriate personnel for assistance.

WELCOME TO CAESARS PALACE

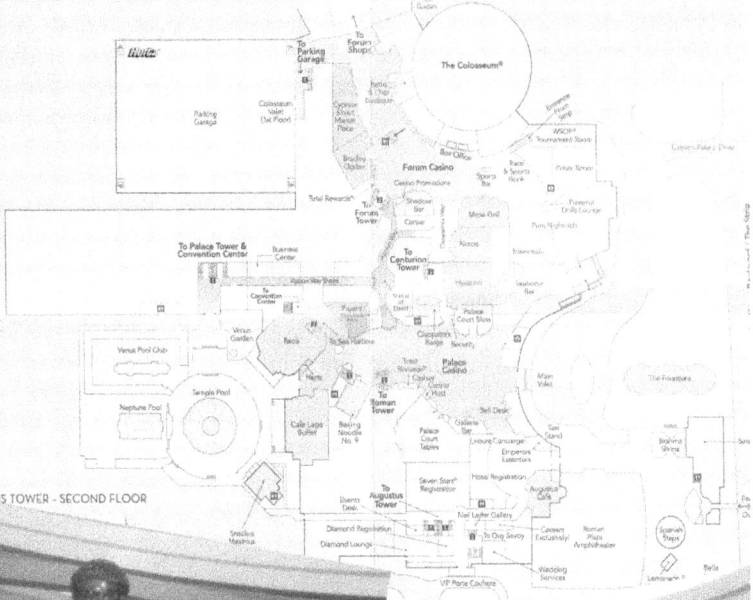

AUGUSTUS TOWER - SECOND FLOOR

innecesarios. Para mí, lo único interesante es la belleza de Isla Fisher, su protagonista. Hay tiempo para más, la comedia Mi Vida en Ruinas, a la que tampoco hago caso (salvo cuando aparecen las imágenes de la acrópolis griega) pero que aflora carcajadas en Marta aún mayores que las soltadas en la película anterior, escuchándose por todo el avión. Pero como ella lleva los auriculares puestos, pues tan pancha.

Creía, equivocadamente, que eran tres horas de trayecto, por las tres de diferencia horaria con Nueva York. Pero no, son cinco, así que en vez de llegar a las 22:30 (hora de Nueva York) lo haríamos a las 24:30 (hora de Las Vegas, y las 9:30 de la mañana en España). Me siento un poco Willy Fog al cometer este error y encima para mal, porque no es para ganar horas, ni mucho menos para conseguir una apuesta millonaria.

Ya no aguanto más, esta odisea es tan larga como la de Ulises, pues no me he preparado psicológicamente para dos horas añadidas, así que lo paso muy mal.

Cuando avisan que aterrizamos, el mensaje influye sanando parte de mi maltrecha espalda, la cual fuerzo de nuevo para intentar atisbar neones desde la ventanilla del artefacto.

Los detalles que vemos nada más entrar a pie en el aeropuerto McCarran nos confirman que es único en todo el mundo: hay tragaperras por doquier y carteles publicitarios enormes anunciando los principales espectáculos de la urbe. Estas señales, ya desde la zona de recogida de maletas, nos indican que ese lugar solo puede ser… ¡Las Vegas!.

Nos hacemos las primeras fotos junto a un enorme dragón-lagarto-camaleón (o algo así) que aparece a la salida y pillamos un taxi con un conductor que habla nuestro idioma, puesto que es mexicano, aunque su vocabulario tiene una mezcla entre "spanglish" y "mejicanglish".

La llegada al Strip, donde se concentran los hoteles-casino más importantes, nos deja sin habla. Tanta información visual abruma. No hay ojos suficientes para acaparar todo el panorama. En un momento así, deseo tener vista camaleónica, para poder abarcar al máximo la enorme cantidad de imágenes que ante mí se despliegan. Esta primera toma de contacto, desde la ventana del taxi, me fascina, ya que pienso que cuando vayamos andando, con un ángulo de visión fijo, aquellos colosos modernos se grabarán para siempre en mis retinas y en mi mente. Así sería…

Hay tantísimo tráfico y circulamos tan lentos, que podemos crearnos una primera impresión de lo que vemos, con total tranquilidad. Si el Bellagio, Venetian, Treasure Island o el Mirage, nos parecen espectaculares, el *Caesars Palace*, que será nuestra residencia los próximos días, destaca como un fuera de serie. Está decorado emulando la antigua Roma y Grecia clásicas, recreando cada detalle: moquetas, paredes con mosaicos y teselas, columnas, efigies de emperadores en cada esquina, fuentes, etc.

Inaugurado el 5 de agosto de 1966, ha sufrido cinco remodelaciones. Tiene 3.349 habitaciones separadas en cinco torres (Augusto, Foro, Palacio, Centurión y Romana). La historia del nacimiento del resort me parece curiosa. Su creador, Jay Sarno, quiso que los clientes se sintieran como reyes, y por eso llamó al lugar Caesars Palace (Palacio de los Césares) en vez de Caesar's Palace (El Palacio del César). Muchas diferencias solo con poner o quitar el apóstrofo.

Alberga los espectáculos estables de artistas como Celine Dion, Cher y Elton John, y también es conocido por los combates de boxeo, la lucha libre o por competiciones deportivas. Tiene un desmedido recinto para compras, el Forum Shops, que se abrió en 1992, siendo uno de los primeros con tiendas caras de toda la ciudad.

Cuando accedemos al hall, nos da la bienvenida la estatua de Octavio Augusto de Prima Porta[5] en un impresionante recibidor, con salas de estar, barras de bar, cómodos sillones y una gran colección de máquinas de juego, mesas de blackjack, ruletas, etc. Creemos que esto es el casino, pero no, estas estancias para animar a la ludopatía son de lo más común en numerosos espacios de los hoteles. El casino oficial es mucho más mastodóntico.

Todo está limpio, amplio, lujoso, marmóreo, aunque con un gusto criticable, ya que se mezcla, sin sentido aparente, la modernidad con el clasicismo.

---

[5] Primer emperador de Roma.

Ya desde que ponemos el primer pie en el Palacio de los Césares, sentimos en nuestras carnes algo para lo que no estamos demasiado preparados: el aire acondicionado es infernal, valga la contradicción. El calificativo más acertado sería polar o siberiano, pero he escrito infernal por lo insoportable de su temperatura. Me hace pensar que en el verdadero infierno no se está calentito, sino escarchado.

La zona de check-in, para recoger las llaves de las habitaciones, es un enorme hall circular, con una fuente tremenda en el centro, creando gran ostentación. Tras los mostradores de la recepción, se erigen grandes mosaicos que puedo observar minuciosamente mientras Carlos pide las aperturas magnéticas. Serán cinco noches contratadas, hasta el 19 de agosto, por un coste de 1.042 euros. 260 € por persona y, en definitiva, 52 € cada uno al día, una cantidad más que asequible para tantos servicios de lujo que, por desgracia, no aprovecharemos, ya que no fuimos a las piscinas, spa, gimnasio, discoteca, etc.

Nada queda sin decorar. Los detalles abundan por cada rincón, incluso las puertas de los ascensores están adornadas con tallas clásicas, romanas y griegas.

No resulta difícil encontrar la habitación por estar al lado de la entrada, gracias a los dioses, porque si no tendríamos que haber usado un mapa para situarnos en las numerosas e inmensas infraestructuras del resort. Carlos y Marta se alojan en la room 775, y Susa y yo en la 765, ambos en la Tower Roman.

El aposento no está nada mal: es sobrio, pero espacioso, con tele empotrada en un mueble, vistas al casino Flamingo y frío demoledor escupido por el climatizador, el cuál apagamos y no volvemos a encender durante toda la estancia. La de Carlos y Marta tiene una disposición distinta y con peores vistas. Echo en falta un armario, ya que solo hay alguna percha suelta en una zona de planchado dentro del baño, donde, por cierto, también está cuidada al detalle la presentación, con pequeñas muestras de jabón, crema de manos, toallas, champú, acondicionador, gel de ducha, práctico teléfono al lado del váter y papel higiénico doblado acabado en punta, para regocijo de la vista y los sentidos. Todo muy bien colocado y ordenado.

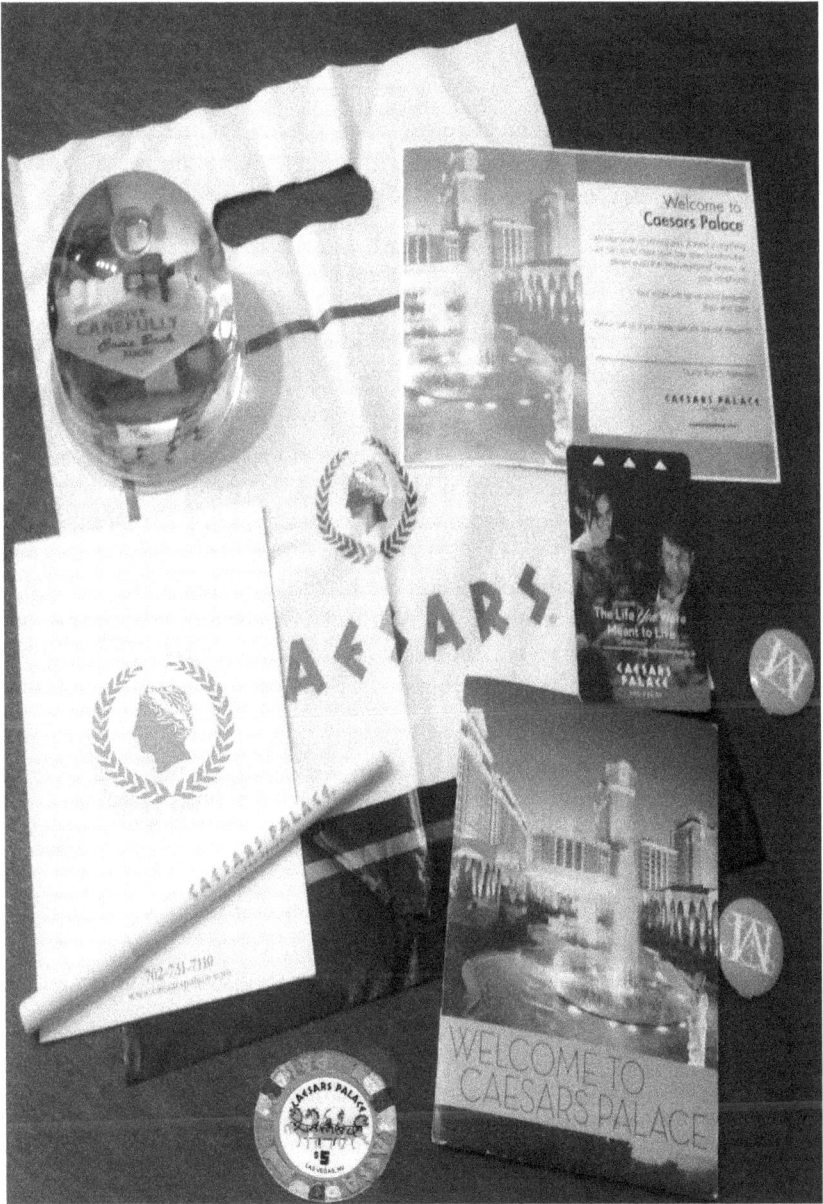

Los envases se reponen a diario, incluso una atractiva libreta de notas, con la cabeza del César y la corona de laurel a ambos lados, que sirve de logotipo del complejo.

El cansancio confunde mi raciocinio y ya no sé si el hambre, el sueño o el escozor de mis ojos, son mayores o menores que las ganas de ver la ciudad. Al final decidimos cenar algo rápido y dormir para afrontar mañana la aventura americana con fuerzas.

Al lado de los ascensores, comienza la zona de restaurantes pero a estas horas (las 12 y mucho de la noche) todo está cerrado. ¿Pero esta no es la ciudad que nunca duerme?. Tenemos que salir fuera de la megápolis para saciar nuestra gusa. Aun así, no nos alejamos demasiado.

En uno de los patios al aire libre está el *Serendipity 3*, local llamado como aquella película algo cursi de John Cusack, en la que jugaba con las casualidades de la vida y del destino. No sé si es la buena o la mala fortuna, pero aquí nos meten una buena clavada: cincuenta dólares por una pizza de queso mediana, dos tercios de Heineken, dos perritos y dos refrescos. Pedimos a lo americano, sin entrar en el establecimiento (que ya ha cerrado), desde una ventana y haciendo cola. Al menos vuelven a atendernos en español y hay mesas fuera para sentarse. No tenemos fuerzas para buscar otro sitio o estudiar un precio económico, así que no damos más vueltas al suceso.

Susana cena como pocas veces la he visto, zampándose su perrito, parte del de Marta y arañando porciones de mi pizza. Si para aumentar su minúscula dieta hay que cruzar el charco, casi mejor conformarnos con su metabolismo ibérico.

En el patio exterior, al lado del restaurante, hay un pequeño altar muy pintoresco, con motivos indios e incienso consumiéndose, que nos da las buenas noches.

Sigo teniendo la sensación arenosa en los ojos, que piden a gritos que los clausure. La primera noche en Las Vegas no es de juerga precisamente. Chapo mis persianas visuales e intento que la emoción deje paso al merecido descanso.

CAPÍTULO 2 - DÍA II: 15-8-09. Sábado.

Ya dormiré cuando muera, ¡estoy en Las Vegas! / A lomos de un Mustang rojo / Ya sería mala suerte que me atropellaran en el desierto / Espejismos en el desierto: Primm y LV / Les Paul Standard, o un sueño a mi alcance / ¡Cuidado, o mis amigos disparan! / Primera ronda por la nocturnidad del Strip / Buen sitio el Venetian para perder unas monedas / Vuelven a pedirme el carnet para beber alcohol, ¡qué ilusión!

¿Sabías que el verso más sublime en la historia de este país lo recitó Canadá Bill Jones en 1853, en Baton Rouge, mientras lo desplumaban en una partida amañada?. George Devol, que al igual que Canadá Bill no dejaba pasar la oportunidad de desplumar a un primo cuando se presentaba la ocasión, lo llevó aparte un momento y le preguntó si no se había dado cuenta de que la partida estaba amañada. Canadá Bill suspiró, se encogió de hombros, y contestó "Ya lo veo, pero no hay otra partida en toda la ciudad". Y continuó jugando.

Texto del libro *American Gods*, de Neil Gaiman (2001)

A las 7:30 de la mañana salto de la cama sin percepción de cansancio. Tengo vacaciones, es sábado y, en ocasiones normales, pasaría muchas horas por la tierra de los sueños, pero ¡estoy en Sin City!. Un 15 de agosto normal de cualquier año, estaría en Bahabón de Esgueva (Burgos), el pueblo de Susana, disfrutando de las fiestas patronales. Quién que iba a decir a mí que 2009 sería tan, tan diferente.

La primera acción significativa del día, y ya muy emocionante, es ir a recoger el Ford Mustang descapotable rojo que hemos alquilado para varios días. El local al que debemos acudir está solo a ocho minutos andando, así que salimos del Caesars Palace todos sonrientes.

35

A la luz del sol, escrutamos la entrada a nuestro hotel y el majestuoso frontón, con el logo de la cabeza del César y las letras romanas. Debajo hay un hall muy grande y limpísimo, y en frente una gran fontana que da la bienvenida a taxis y coches de lujo. Las chicas no pueden resistir hacerse una foto junto a un Lamborghini.

Al alejarnos un poco, apreciamos en todo su esplendor las grandes torres y edificios que componen el complejo. Este resort es de los más gigantescos debido al tamaño y cantidad de estructuras que lo componen. También destacan antorchas, figuras con leones alados, columnas de orden jónico, ángeles con trompetas alrededor de fuentes y un sinfín de preciosos detalles que te hacen dudar de si has llegado al Olimpo de los Dioses. Si me tengo que morir, que sea en la urbe de los titanes, pero no hoy, que apenas acabo de empezar a disfrutar este sueño.

Ahora vemos con más claridad la plaza exterior junto al Serendipity 3, donde hay pebeteros y un arco del triunfo con una cuadriga encima, con su auriga y sus caballos. En los laterales del arco hay unas rejillas de ventilación. Mola ver el contraste entre la modernidad de hoy y el calco a la estética de las culturas históricas más conocidas.

Caminamos acompañados por palmeras a ambos lados, por el Boulevard de Las Vegas, al que erróneamente no dejo de llamar Sunset Boulevard, como si estuviéramos en Los Ángeles. Lo repetiría varias veces más a lo largo del viaje y, ¡qué fatalidad!, gracias a la cámara de video ha quedado grabado para la posteridad.

Es de día, hay luz solar y no es lo mismo que con iluminación nocturna, pero el también llamado Strip, puede disfrutarse en todas sus dimensiones y quizá, en periodo diurno, se aprecie más su magnitud. También se nota dicha enormidad dado que hay poca gente por la calle y los espacios parecen más amplios. Creo que la marabunta noctámbula consigue empequeñecer tamaños colosos. La tranquilidad, escasez de luces, colores y la falta de ebullición y efervescencia, transforman a la ciudad en una especie de maqueta falsa "de mentirijillas".

El clima es totalmente toledano, sobrepasando los cuarenta grados y con extrema sequedad. En breve comprobaremos que tenemos el desierto a unos pasos.

38

L.V. Boulevard, es atravesado por varias avenidas que adoptan los nombres de los casinos famosos que se encuentran en la vía, como Flamingo Road, Tropicana Avenue, Riviera Boulevard o Sahara Avenue. Al pasar por los puentes que cruzan de un lado a otro de la carretera y que sirven de vía de paso para los peatones, se visualiza con claridad la cantidad de carriles que hay en la calzada: unos siete u ocho en total, en ambas direcciones. A pesar de ello, por las noches las caravanas son de aúpa.

Pasamos sin detenernos bajo el casino Ballys y el Planet Hollywood. El **Ballys**, antes conocido como Bonanza en 1963 y como MGM, se inauguró en 1973 y tiene 2.814 habitaciones. En esa fecha fue el hotel más grande del mundo. Ofrece Jubilee![6] desde principios de los 80, el espectáculo de más duración del Strip, con showgirls, coristas, bailarines, lujo, ostentación y glamour, representando a Sansón y Dalila, o la catástrofe del Titanic. El escenario ocupa la mitad de un campo de fútbol. Aquí se rodó en 1995 Leaving Las Vegas o el combate entre Apollo Creed e Iván Drago en Rocky IV.

Planet Hollywood abrió en 2007, pero el famoso restaurante no está en su interior, se encuentra en el Forum Shops del Caesars Palace. Se llamó anteriormente Tally-Ho en 1963, King's Crown en 1964 y Aladdin en 1966, con una temática sobre Las Mil y Una Noches. Disponía de un campo de golf y del centro comercial Desert Pasagge, alusivo al medio oriente. Elvis Presley y Priscilla se casaron en él. Es muy conocido su show de striptease Peepshow, protagonizado por la playmate Holly Madison.

Llegamos hasta un globo Montgolfier muy del estilo de Julio Verne que, con las letras cosidas, indica que estamos en el resort **Paris**. Comenzó su andadura en 1999, con un coste de 785 millones de dólares gastados en 97.000 metros cuadrados y en 2.915 aposentos. Su fachada emula la Ópera y el museo del Louvre. Cuenta con una preciosa decoración, una fuente desbordante de agua e impresionantes réplicas del Arco del Triunfo o de la Torre Eiffel. Con sus 165 metros, es la mitad de grande que la situada en la capital francesa. Puedes cenar arriba en un restaurante, a 11 pisos de altura, o bajar por una de sus patas directamente al casino. En el proyecto

---

[6] Dejó de interpretarse en 2016, tras 34 años funcionando, debido a los altos costes de reparación y mantenimiento, que superaban a lo obtenido en taquilla.

primigenio, pensaba terminarse la torre al completo, como la original de 300 metros, pero se descartó al suponer un problema, por estar el aeropuerto demasiado cerca[7].

Al otro lado de la acera están los hoteles Montecarlo y New York, New York. Por fuera, grandes carteles anuncian los principales espectáculos de cada recinto. El **Montecarlo** tuvo su apertura en 1996. Cuenta con 3.002 habitaciones y 259 suites de lujo con mármol, muebles de cerezo, etc. La temática versa sobre el lujoso casino de Montecarlo, en Mónaco.

Los locales a pie de calle también muestran decenas de rótulos informando de los servicios de que disponen: "cold beer", "beer&wine", "internet café", "cold drinks", "t-shirts", "mini mart" o "bar-b-que" (juego de palabras para acortar "barbacoa") son algunos de los que nos rodean.

Un poco más adelante del Paris, junto al Harley Davidson Café, entramos a **Dream Car Rentals**, que es donde tenemos reservado a nuestro próximo compañero de viaje. Ya en la puerta, podemos observar el flamante vehículo que va a albergar nuestras posaderas. El sueño americano sigue su curso y yo aún no me lo creo. Nos atiende una chica con amplio busto y bonitos ojos, aunque destacan en su rostro unas ojeras con aspecto reciente. Esto me hace pensar en varias preguntas: ¿habría salido anoche?; ¿cómo será vivir en Las Vegas?; ¿y currar?; ¿se puede compatibilizar trabajo y juerga en este núcleo urbano?. Cuando veo por el casco toledano a turistas haciendo fotos a una simple callejuela adoquinada, me llama la atención porque para mí es algo muy visto, cotidiano, con lo que estoy acostumbrado a vivir. En cambio, el que viene de lejos se siente atraído por lo medieval, lo antiguo, y se sugestiona pensando en películas sobre la inquisición, el Cid, Alatristes, hechiceros y doncellas. Supuse por eso que, al habitante de Las Vegas que subyace entre luces deslumbrantes y moles de ocio adulto, le deja de impresionar lo que es habitual y, al final, el trabajo es el trabajo. El riguroso cumplimiento de la obligación laboral, elimina toda magia proyectada por esta o cualquier otra mítica ciudad.

---

[7] Aún hoy, me pregunto por qué no entramos. Haber estado tres veces en París no lo justifica. Supongo que íbamos con prisa a pillar nuestro flamante buga y lo dejamos para más tarde, ¡como tantas otras cosas en Las Vegas!.

DREAM CAR Rentals
Las Vegas Nevada
"Drive The Dream"

STREET EAGLE MOTORCYCLE RENTALS

| Vehicles | Rates | Reservations | Locations | FAQ | Contact | Travel Guide | Tours & Activities |

Ford

Ford Mustang Convertible

Rent me!

5 Hours.......n/a
  Daily........$85.49

Cruising the scenic strip in a Ford Mustang convertible is an unforgettable memory, so make it yours.

seating: luggage:

Specifications			
Engine Type/Size	3.8 V6	Introduced	1964
Horsepower	190	Origin	USA
Torque (ft/lbs)	220	Fuel Tank (gallons)	15.7
Max Speed	n/a	Width (in)	73.1
0-60	n/a	Length (in)	183.5
Driven Wheels		Height (in)	53.3
Transmission Type			

LAS VEGAS' ONLY STRIPTEASE SPECTACULAR!

PEEPSHOW

STARRING HOLLY MADISON

Original Songs by ANDREW LIPPA
Directed and Choreographed by JERRY MITCHELL

...master.COM OR CALL 1-800-745-3000
...at ph planet hollywood

$100 FREE SLOT PLAY

For more free stuff, text HOOTLV FREE to 368674

Simply join the Owl Rewards Club. (it's free)
See the Owl Rewards Club for Details.

HOOTERS Casino
Las Vegas

Across from the MGM
1-866-LVHoots • hooterscasinohotel.com
Follow us on Facebook & Twitter

42

Para conducir en USA hay que sacarse el carnet internacional. Por tanto, nos acreditamos, enseñamos las credenciales para manejar, las de identidad, el seguro de viaje, etc. Durante tres días, el auto nos cuesta 254 euros, 63 por persona y unos 84 por día (combustible aparte). En resumen, tocamos a 21 euros por cabeza y por día… ¿una pasada verdad?.

Llega el momento, ¡a cabalgar se ha dicho!, ¡hagamos caso al logotipo del salvaje pura sangre del frontal!. El Mustang es perfecto: modelo rojo, descapotable y con 190 caballos aunque, al ser de marchas automáticas, notaríamos la falta de potencia. Hasta la matrícula nos gusta: 379-VXR, con unas montañas nevadas en el horizonte.

Carlos se pone al volante para demostrar su experiencia por las carreteras de este país[8], se concentra en las señales viarias y deja de hablarnos y escucharnos. Yo ocupo el puesto de copiloto, por si hay que decir eso de *"¡Carlos, trata de arrancarlo!"* y estoy con la cámara de video en mano para inmortalizar la salida. Las chicas se acomodan detrás con sus zumos y cafés del Starbucks, sintiéndose ya, como reconocerían más tarde, protagonistas de Sensación de Vivir. En mi caso, en ningún momento me veo como un niño pijo o como un magnate, más bien "like a rolling stone", como un aventurero ocasional, starring de Corrupción en Miami, Chicas de California o un John Wayne moderno, paseando por lo que fue un desierto. Mejor dicho, esto sigue siendo un lugar yermo. Lo comprobaríamos en unos minutos.

A pesar de que Carlos pone todas sus cualidades mentales al servicio de la conducción, roza los bajos al salir del aparcamiento, y es que hay obras y una gran zanja, lo que obliga a "bautizar" el coche de esta manera.

La música siempre es un elemento que te transporta a tiempos pasados o futuros, pone recuerdos perdidos a tu alcance o te ayuda a crear situaciones en las que, sin la suficiente sugestión, no te verías. Por eso, hice una selección previa de temas en tres compactos, con el objetivo principal de escucharlos en el coche y recrearnos en las sensaciones que nos provocaran.

Nuestra andadura comienza con el primero de los tres cedés, al que titulé como Rock on Wheels y con las guitarras rocanroleras de George

---

[8] Ha estado trabajando en varias ocasiones en los Estados Unidos.

Las Vegas, Nevada

© 2005 Lee Nelson iNeTours.com

ESPAÑA   07 Nº 0699

CIRCULACIÓN INTERNACIONAL DE AUTO...

PERMISO INTERNACIO...

PARA CONDUCIR

Convenio sobre la circulación por carretera de 19 de septiembre de 1949

Expedido en: TOLEDO

Fecha: 2 9 JUN. 2009

EL JEFE PROVINCIAL DE TRÁFICO
(Firma y sello)

ESTE PERMISO ES VALEDERO POR
UN AÑO CONTADO DESDE SU
FECHA DE EXPEDICIÓN

NO ES VALEDERO PARA ESPAÑA

A	Sceau ou cachet de l'autorité
B	Sceau ou cachet de l'autorité
C	Sceau ou cachet de l'autorité
D	Sceau ou cachet de l'autorité
E	Sceau ou cachet de l'autorité

Signature du titulaire
ou empreinte de pouce:

EXCLUSIONS (pays):

I _____   V _____
II _____   VI _____
III _____   VII _____
IV _____   VIII _____

44

Thorogood & the Destroyers en *Bad to the Bone*. Seguro que este nombre dice muy poco a los no iniciados en el rock'n'blues americano de los setenta y ochenta, pero solo escuchar el riff de entrada de esta canción con su "tarará rarará, tarará rarará", transporta a los oyentes a películas de época, con los Ángeles del Infierno como fondo estético. Un efecto similar nos evoca el escuchar *The Grange* de ZZTop o *Born to be Wild* de Stephenwolf.

Rodeamos la ciudad y buscamos la interestatal I-15. De lejos se ven los edificios babilónicos del Rio, Palms y The Hotel South Point, atalaya adicional del Mandalay Bay.

El *Rio* abrió en 1990 y fue el primer casino con solo suites, unas 2.563. Se caracteriza por tener torres cubiertas de cristal azul y morado. Incluye una bodega con más de 50.000 botellas de vino, centro de convenciones, teatro, y The Carnival World Buffet, con una gran variedad de mariscos. Su principal atracción es Masquerade Village, con un show gratuito basado en el carnaval brasileño y en el Mardi Gras. Masquerade in the Sky es un musical bailado suspendido en el cielo, en el que por 13 dólares, se puede participar en el evento.

Palms tiene 702 habitaciones y una gran sala de espectáculos. Se inauguró en 2001 y está destinado a un público joven, como el Hard Rock Hotel. En sus dos torres hay suites Penthouse. Su segunda fortificación, Fantasy Tower, tiene un dormitorio único en el mundo que cuenta con una cancha de baloncesto, incluyendo marcador y pantalla gigante. También se antoja interesante la villa Playboy, con un club exclusivo. La Penthouse Crib Suite parece la casa de un músico exitoso de hip hop, con acuario, billar y equipo de DJ. Hay también un aposento decorado como un estudio de Hollywood y suite erótica con espejos en el techo, cama giratoria y barra de striptease. Su discoteca Rain está iluminada por una bola de fuego enorme y fuentes con chorros de agua.

Ya fuera de la gran urbe, llaman la atención las señales de tráfico, los carteles de la autopista y los anuncios de todo tipo. ¡Esto son los States chaval!. Las indicaciones nos demuestran lo cerca que estamos de California y, por ende, de Los Ángeles. Bueno, a cuatro horas en coche, pero eso en un país tan enorme como los Estados Unidos de América, es como ir de Toledo a Madrid.

Todo es cinematográfico, el coche, la compañía, el paisaje, la localización, la banda sonora y... ¡cómo no!, las chicas tienen que encontrar pegas. Es una situación idílica pero nuestras partenaires se molestan porque se están despeinando con el aire. Quieren que subamos la capota, que bajemos la música porque nos van a llamar la atención, etc. ¡Ja, ja, ja!, ¿llamarnos la atención?, ¿en "La Ciudad del Pecado"?, ¿por llevar la radio alta?. ¿El caso es quejarse no?.

Cogemos la carretera interestatal I-15 en dirección a Primm, localidad donde queremos visitar los Fashion Outlets. En unos minutos salimos de Sin City y, de golpe y porrazo, ya estamos en el desierto. Pensaba que el salvaje oeste quedaba a años luz de esta mega-ciudad tan moderna y con tal derroche de recursos energéticos, pero no, el encuentro con el océano desolado de arena es casi inmediato, sobre todo al cruzar varias colinas que bordean el valle del condado de Clark.

La autopista tiene 3 carriles en cada sentido y un arcén que ocupa carril y medio. El nuevo paisaje vuelve a convertirse en decorado de película, con esas calzadas de rectas inacabables a lo Easy Rider; con camiones tan diferentes a los europeos, como el que llevaba Stallone en Yo, El Halcón; con cactus, palmitos, casas solitarias y pequeños pueblos a ambos lados del asfalto, salpicando de civilización un rincón tan inhóspito. Observando las guapas moles rodantes, con esos morros alargados y las chimeneas en los laterales de la cabina, entiendo la letra de aquella melodía que rezaba *"yo para ser feliz quiero un camión"* de Loquillo y Los Trogloditas.

Suena ahora *Radar Love*, versión original de Golden Earring, interpretada por White Lion, y un cartel nos marca que estamos a 257 millas de Los Ángeles y a 27 de Primm, nuestro destino.

La primera parada es para que yo pruebe a conducir personalmente el coche americano, en suelo americano y en sueño... ¡castellano!. Nos detenemos en una carretera colateral algo apartada, una vía de servicio con halo enigmático que te traslada al ambiente de largometrajes como Breakdown de Kurt Russell[9]. Aquello me recuerda también al film

---

[9] En un viaje a California, sufre una avería. Un camionero se presta a socorrerles a él y a su mujer, llevando a la segunda por gasolina. Ella desaparecerá misteriosamente.

Temblores y a la localidad ficticia donde se desarrolla la acción, que se localiza en el desierto de Nevada.

Carlos deja el puesto principal y me cede el honor. Pilotar un carro tan bonito, con tanto pedigree y automático, me crea cierta inseguridad, ya que un mínimo roce podría costarnos una pasta. Con esta disposición, mezcla de emoción y nervios, entro en el vehículo, tras hacernos unas fotos. Subimos la capota y hacemos el cambio de conductor. Los gritos de Susana, al ponerme en medio de la calzada, se oyen en Nashville (Texas):

- ¡Luismi, apártate de la carretera!, ¡que te va a pillar un coche!.

Sus chillidos contrastan con nuestras risas, pues que te atropellen en la vía asfáltica del desierto en la que estamos, ya sería harto infortunio. Solo faltan los famosos setos rodantes atravesando este lugar yermo.

Volvemos a la I-15, con servidor al volante. Aquí ya sí, hay más circulación y empiezo a familiarizarme con las señales de tráfico y los mandos del automóvil. Nunca hasta ahora había manejado un descapotable con marchas automáticas. Bueno, siendo sinceros, tampoco un descapotable. Fácil sí es, quizá demasiado, por eso el hábito y la rutina que dan las marchas manuales, generan seguridad, a pesar de necesitar mayor destreza. Uno de mis pies no deja de bailar hacia una zona en la que no hay pedal, pero es algo inconsciente que no puedo controlar. También se notan diferencias en la potencia al cambiar de una marcha a otra, ya que los 190 caballos quedan reducidos a cuadriga de Ben-Hur y se ralentiza mucho la velocidad. Para ser más claros, en este caso no me vino a la mente ninguna película de la saga Fast & Furious.

El límite legal son 70 millas por hora, que corresponden a unos 112 km./hora. La mayoría de vehículos cumplen con el código de circulación y no son muchos los que me adelantan, yendo yo a 80 en algunas ocasiones. ¡Burlando la ley, burlando la ley!. La verdad es que hay bastante respeto sobre el asfalto, algo que compruebo en Las Vegas y al llegar a Primm. En vez de acelerar cuando das el intermitente, los conductores aminoran para dejarte paso; también lo ceden y actúan con paciencia, sin claxon, ni gritos… igualito que en Madrid.

Aprendo algunas diferencias en las reglas de conducción americana, como por ejemplo, si en un semáforo vamos a girar a la derecha y no viene nadie, no tenemos por qué esperar a que se ponga verde; los nombres de las calles aparecen adosados a los postes de tráfico, de tal manera que, antes de llegar a una, ya puedes leer el título y así es muy fácil situarte y encontrar una dirección; los semáforos no solo están colocados a los lados de la carretera, también en frente, lo cual es muy útil si algún vehículo grande te tapa los laterales. En España, sin embargo, te dejas el cuello y arriesgas tu vida por intentar visualizar alguna placa en la esquina de una travesía que te diga dónde te encuentras.

Primm es una localidad muy atractiva del condado de Clark, a 56 km. de la ciudad del pecado. Para llegar aquí, en vez de áreas de servicio con gasolinera y tiendas, lo que te encuentras son casinos y hoteles. Estos últimos no son tan mastodónticos como los de Las Vegas, pero sí muy bonitos y pintorescos, casi todos con temática del Far West, como el **Whiskey Pete's**, con forma de fortaleza, muy del estilo del alcázar de Segovia, el **Terrible's**, **Desperado** o el **Buffalo Bill's**, con una montaña rusa rodeando el edificio y una colina rocosa, todo con un toque muy tejano y lleno de motivos indios y vaqueros, recordando los inicios de los primeros e históricos paraísos del juego.

Cruzamos el casino **Gold Strike** mientras suena de fondo, en el reproductor del coche, la versión de La Frontera del *Viva Las Vegas* de Elvis. De nuevo la banda sonora se adapta al momento vivido. La siguiente es *Girls, Girls, Girls* de los Motley Crue, también adecuada, aunque a nuestras chicas no les hace gracia.

La visita a Primm tiene como objetivo los **Fashion Outlets**, centro comercial de grandes dimensiones y buenos precios. Hay poca gente, amplitud, limpieza por todos los rincones, gran atención al cliente y economía muy asequible, entre otras cosas. Todo ello, hace metamorfosear mi cerebro anti-consumista en algo cercano a un aprendiz de síndrome de Micawber (comprador compulsivo).

Desayunamos en una zona con salas recreativas de videojuegos, grill americano, restaurante de comida italiana, hot dogs y un Subway. Tengo el desagradable placer de probar el café americano. Aún me queda algún resquicio en la garganta de ese repugnante sabor, todo aguado. Además, me abraso la lengua porque me lo sirven "nivel infierno" y tardo horas en recuperar la sensibilidad.

Empieza la gincana de las compras entrando a **Skechers**, comercio especializado en calzado, donde nos atiende un empleado latinoamericano. ¿Inglés?, no, gracias. A pesar de escuchar nuestro idioma con facilidad, hoy es el primero de muchos días en que me siento como un inválido ante los nativos norteamericanos. No saber expresarme más que en la lengua de Cervantes me hace padecer complejo. Pero volvamos al género fruto de venta. Resulta que el segundo par de zapatillas deportivas sale al 50%, así que todos nos llevamos algunas cosillas. Esto se repetirá en otras tiendas, así que aprovechamos para llenar el armario personal o compartir gastos en conversaciones como esta:

Luismi – ¿Tenías pensado comprar unos vaqueros?

Carlos – Pues sí, ¿tú también?

Luismi – Si, pero solo uno.

Carlos – Entonces paga tú los dos, el segundo a mitad de precio y luego hacemos cuentas.

Me gusta mucho cómo cuidan al cliente en los establecimientos, con saludos corteses, consejos, orientación, interés por nuestro viaje y nacionalidad, despedidas gerenciales y todo ello regado con una sonrisa sincera. Recuerdo cómo en un local, una chica con raíces indias, muy guapa, le llevó a Susana prendas que no había pedido por si le gustaba cómo combinaban con lo que se estaba probando. Que sí, que sí, que vale, que lo que quieren es vender, pero el camino hacia ello lo transitan con mucha educación y simpatía, cosa que en España no siempre sucede. Estoy más que cansado de dependientes pasivos, hastiados de un trabajo que no les gusta, dando un trato que deja mucho que desear, sobre todo en negocios hosteleros. Me duele reconocerlo, pero Toledo es un ejemplo claro de lo que hablo. Llega a tal punto la falta de amabilidad que hasta te acostumbras a que no te miren cuando te cobran, o incluso te sorprende encontrar a alguien agradable. Con estos antecedentes, me está doliendo sobremanera no poder comunicarme como es debido con quien pretende ser cortés, de ahí mi sensación de invalidez lingüística. Me siento como un auténtico "minusválido" en este sentido (permitidme usar esta expresión), teniendo que cortar intentos de conversación con escuetos *"sorry, i don't speak english"*.

En la tienda **Nike** me pillo unas deportivas de las que llevan cámara de aire, para practicar atletismo sin que la base de mi espalda se resienta. Me cuestan solo 54 dólares (al cambio, 38€), igualito que en España, jejeje. La chica que nos cobra también conoce nuestro idioma, aunque nos dice que hablamos como los de la película El Laberinto del Fauno.

Pausamos las compras para almorzar en la típica zona de comida rápida. En un stand variado y, para no ir al típico burger, elijo una bandeja con alimentos mezclados: arroz, espaguetis, pollo a la naranja, etc. No está mal, pero las viandas no son tan económicas como la ropa y es que será en ellas donde nos dejaremos la mayor parte de la pasta del viaje.

Reconozco que, por unos instantes, comprendo a Susana y Marta. También me pongo en la piel de las compradoras compulsivas, incluso pasan por mi mente imágenes de Lindsey Lohan o Paris Hilton. Por mi condición masculina (aunque suene machista) y mi falta de afición al mundo de la pasarela, siempre me cuesta adquirir ropa, así que aprovecho la situación y los precios para obtener prendas suficientes para los próximos años. Eso sí, no estoy preparado para tantas horas seguidas, ya que mi cerebro pensaba que después de comer iríamos a otro sitio y no me he mentalizado para lo que queda de tarde. Demasiada sociedad consumista para mí.

Tras Guess y Fossil, el último comercio fue **Tommy**. Tras las adquisiciones personales, regalos para padres, hermana, etc., acabo reventado en un banco, viendo pasar a la gente. Aún tardan todos en salir, así que me entretengo admirando a una chica que trabaja en un stand de esos que sale a tu encuentro, en las zonas de paso de los centros comerciales. Mi atención no es solo por su belleza, sino más bien por el énfasis con que se toma su trabajo. Lo normal, al menos en España, es esperar a que se te acerque alguien al mostrador para informar de los productos, o acometer a la gente que pasa por tu lado. Pero no, ella da vueltas y vueltas al stand sin parar, hasta tal punto que me pienso en Conan girando la rueda del molino. De verdad que cansa la vista con tanta energía y sonrisa radiante, a la búsqueda de alguna venta. No sé lo que cobrará, pero su sueldo se lo tiene más que merecido. También puede ser que me haya dejado imbuir por los destellos de Las Vegas y no sea objetivo.

Al salir al exterior del complejo, el cálido bochorno nos recuerda que estamos en el desierto, ya que tanto tiempo en el outlet, con el aire acondicionado a tope, nos ha congelado el razonamiento. El maletero del Mustang se empacha y queda pequeño para todas las bolsas que le hacemos tragar, y eso que es amplio.

De regreso a la ciudad del pecado, nos fijamos en muchos carteles de carretera. Se mezclan temáticas de lo más variopinto: "dental implants", una preciosa mujer que dice "come stay with me & the drinks are on us"[10] o los típicos reclamos sexuales como "hot babes: girls that want to meet you"[11]. Los altavoces del buga nos regalan *Gimme Some Lovin'* de Spencer Davis Group y *All Right Now* de Free.

El sábado sigue siendo día de compras, pero ahora tengo una sonrisa de emoción en el órgano encargado de la circulación de mi sangre, puesto que nos dirigimos al Guitar Center de Las Vegas. La dependencia nos pilla de paso, a la entrada de la urbe, en un gran centro comercial situado en una especie de barrio residencial o mini-ciudad llamado **Town Square**, con una imagen muy parecida a la de la serie Beverly Hills 90.210. De nuevo está todo pulcro, peatonal, impoluto, con zonas verdes, palmeras, gente haciendo deporte, chicos de color en el parque cantando el *Man in the Mirror* de Michael Jackson, y con tiendas y cafeterías variopintas repartidas por la zona.

Decidimos dividirnos, las chicas a su aire y nosotros en busca de la guitarra de mis sueños, la Gibson Les Paul Standard. Las altas temperaturas se han suavizado y el ambiente que presentan las calles del lugar es

---

[10] Quédate conmigo. Las bebidas corren de nuestra cuenta.
[11] Chicas que quieren conocerte.

sumamente agradable, con paseantes muy jóvenes, familias y personas de todas las edades dando vidilla.

Encontramos el **Guitar Center** tras subir muchas escaleras, en una zona elevada. El local es mucho mayor de lo que me había imaginado. Aún no me acostumbro a las dimensiones de los sitios y todo sorprende por enorme, novedoso y diferente. Está dividido en zonas con guitarras, bajos, baterías, instrumentos acústicos, amplis, tecnología y equipos para montar estudios caseros de grabación, etc. Es increíble, dan clases particulares hasta de ukelele, lecciones gratuitas de producción, tienen servicio de reparación y muchas cosas más. Me podría pasar aquí una tarde entera sin mayores problemas, pero voy directo al grano.

Veo algunas Gibson preciosas, similares al modelo Gary Moore o Slash, que son las que me enamoran, pero al final, no me atrevo ni a probarlas para no comer de la fruta prohibida. Cuestan alrededor de 2.300 dólares, unos 1.600 euros, lo cual es un buen precio. Si llego a tocar alguna, habría salido de aquí con ella y la decisión no puedo tomarla aún. Todavía tengo muchas dudas sobre el transporte en avión, primero a Nueva York y luego a Madrid, la aduana, el que pueda pasar como equipaje de mano, el pago de tasas especiales, etc. Aún debo pensar muy mucho si hacer tan importante gasto con tales riesgos. Cuando consulté la operativa por internet, las experiencias que leí eran muy dispares. Algunos habían transportado la guitarra sin problemas y otros se habían topado con tasas, pegas burocráticas o golpes y daños por trato inadecuado.

Recogemos las mochilas antes de salir del local, pues en muchos establecimientos tienes que dejarlas a la entrada. De nuevo disfruto con la amable atención americana: la persona que guarda nuestras pertenencias hace una broma confundiendo a propósito las mismas. Sonrío y agradezco la simpatía con una mueca, ya que vuelvo a sentirme un impotente con el idioma.

Aparecemos en el punto de encuentro y las chicas se demoran, así que tenemos que tirar de teléfono para localizarlas, pero sin resultados, ya que no dan señales de vida. Nos mostramos algo impacientes, a lo que también contribuyen unos cargos en cuenta bancaria que le llegan a Carlos a través de los mensajes de móvil y de cuya procedencia, desconfía.

Todo se aclara, ya es de noche y, una vez juntos, nos dirigimos con el tiempo muy limitado a **Bass Pro Shops** ("Outdoor World: Nevada's great american outdoor store"[12]), negocio en el que pretendemos tirar con armas de fuego o con arco.

Es quizá la dependencia deportiva más grande que haya visto en mi vida, con un espacio de 15.000 metros cuadrados donde hay ropa, artefactos de caza, lanchas, utensilios para pesca, equipos de golf, etc. Dispone de galería para practicar tiro con arco, pared para escalar en roca, dos campos para disparar pistolas y rifles (puedes llevar tu propia arma o alquilar una aquí), una corriente con truchas vivas y un acuario enorme lleno de peces, para entrenar tus habilidades como pescador.

Es una lástima, hemos llegado un poco tarde. Son las 21:30, cierran en media hora y no podemos descargar con arco ni armas de fuego, puesto que ha pasado la hora permitida para ello.

Para llegar aquí, nos hemos alejado un poco de las zonas más frecuentadas y nos ha costado encontrar el emplazamiento, ya que está algo solitario y apartado, cerca del hotel **Silverton**, ambos comunicados. La fachada es preciosa, con un puente de madera sobre un riachuelo, así que nos hacemos unas fotos ya desde fuera. Carlos bromea, hablando de usar las fotografías de las novias como blanco para disparar.

El recibidor impresiona aún más, lleno de motivos cinegéticos, animales disecados, cabezas de todas las especies (incluso peces espada, bisontes, alces, jabalíes, etc.), alfombras de pieles, chimenea, paredes de madera y un techo a gran altura. Parece la cabaña del bosque de algún cazador, pero a lo bestia. La tienda supera de nuevo las expectativas en cuanto a tamaño, productos y estética. Parece un jardín botánico por su espacio y amplitud. Está dividida en varios niveles conectados entre sí, pero no por plantas. Hay un espacio dedicado al camping con tiendas de campaña, otro a la pesca, lleno de botes y lanchas, otro a la ropa y botas, el lugar del explorador, zona de escalada, armamento, quads, etc. Parece un museo de historia natural. Ni en un día hubiéramos visto todo. La decoración es preciosa, con figuras creando escenas que parecen reales: leones en rocas, peces y tiburones

---

[12]   El mundo del deporte al aire libre: La tienda de material de "escapada" más grande de América.

Outdoor World

Bass Pro Shops

FISHING
Bass Pro Shops

colgando sobre nuestras cabezas, una montaña rocosa con cascadas, un acuario dentro del casino Silverton (el cual no vimos), troncos de árbol por columnas, ciervos, cabras montesas… hasta una jirafa ¡y todo a tamaño real!.

La parte superior está llena de arcos, armas de fuego y zona de tiro, que no podemos disfrutar, pues aquí nos dicen que hay que llevar nuestras propias armas y pedir cita.

Los arcos son una auténtica pasada, llenos de accesorios, con enormes poleas, pintados de camuflaje y con un aspecto que va desde lo más profesional para competir en las olimpiadas, hasta lo más parecido al usado por Rambo o Depredador. Los más asequibles cuestan 120 euros y, aunque nos informan que se usan para iniciación, son de poleas y tienen regulador de presión, no sé de cuántos bares. A pesar de su parafernalia, comparados con los más caros (de 300 a 600$), estos parecen hechos para críos.

Si tengo dudas sobre cómo pasar una guitarra por la aduana y el aeropuerto, imaginaros un arco, sería la excusa más sencilla para tacharme de terrorista o loco peligroso.

Me compro una mochila de camuflaje bastante chula para llevar los mapas, el dosier y la cámara durante los días venideros.

La vuelta al hotel se hace complicada por el tráfico que hay de noche. Es la primera vez que disfrutamos de la ciudad a oscuras, ya que el día de ayer no cuenta, porque el cansancio no nos dejó la mente libre para gozar del paisaje.

Observamos desde la lejanía el resort Excalibur (donde un cartel anuncia su espectáculo de torneo entre caballeros), el Luxor, Mandalay, el Empire State del hotel New York, New York, el Stratosphere, Bellagio o el Caesars mientras la soundtrack de Ben-Hur resuena en el coche. Este es otro de los compact que he traído para la ocasión, con bandas sonoras y sintonías de televisión, llamado "Creando Ambientes".

Las Vegas Boulevard es un hervidero de vehículos y avanzamos a paso de tortuga. Las aceras se colman de individuos que van y vienen y el calor aún nos sofoca. Pero suena por el audio *The Eye of the Tiger*, de Survivor, la capota está bajada y disfrutamos de las luces de los casinos.

Entre el Mirage y el Treasure Island encontramos a un tipo vestido de Johnny Deep, mejor dicho, de capitán Sparrow en Piratas del Caribe. ¿Será él?, pues no. Es normal encontrar actores disfrazados buscando turistas que se hagan fotos por unos dólares.

Ya estamos a punto de llegar a nuestro "hogar yanqui" mientras pasamos al lado del Casino Royale y del Harrah's, con esa especie de bola del mundo luminosa, como símbolo corporativo reconocible.

Cuesta encontrar el acceso al parking del Caesars Palace y hay que dar dos vueltas a la manzana, pero una vez dentro hay varias plazas libres. Aun así, no muchas y eso que esto es tremendo, para variar, pudiéndose grabar aquí cinco o seis videos simultáneos del *Bad* de Michael Jackson.

Vaciamos el maletero con gran esfuerzo pero, finalmente, podemos los cuatro con toda la carga, algo realmente complicado. A cuestas con las compras, entramos al hotel a través de un ascensor que no hemos usado nunca y que nos lleva, esta vez sí, al verdadero casino. Cuando llegamos al hall el día anterior, pensamos que estábamos ya en la zona de juego, puesto que había una gran extensión de suelo lleno de máquinas y mesas, pero nada comparado con lo que tenemos delante. El lugar en el que hoy aparecemos es sin duda el auténtico casino: esto sí que son espacios, cientos de tragaperras de todo tipo, ruletas, mesas variadas para póker, blackjack, barras de bebida, luces, sonidos dispares, columnas y estatuas clásicas, incluso una zona habilitada para apuestas deportivas y otra donde me llamaron la atención las Pussycats Dolls, preciosas crupieres exuberantes y ligeras de ropa. El presunto casino que confundimos ayer, es un 10% de éste.

Nos cuesta llegar a la habitación, ya que hay una buena caminata cruzando restaurantes, fuentes, plazas, el barco de Cleopatra, etc. Menos mal que los carteles indicando Tower Roman nos ayudan. Una vez en ella, nos desprendemos de las bolsas y voy al baño por primera vez en este viaje. Lo destaco porque será algo que dará muchos problemas a Susana y también a Marta. Los chicos, por el contrario, disfrutamos de regularidad y de momentos "All Bran" sin disminuir la carne de nuestra dieta, ni necesidad de fibra.

Se nos ha pasado el día tan deprisa que da la impresión de haber durado solo diez horas. Nos retratamos en una fuente que simula la famosa Fontana de Trevi y buscamos restaurantes por el *Forum Shops*, la zona del Caesars Palace dedicada a las compras, nada más y nada menos que 60.000 metros cuadrados distribuidos entre algo más de 180 tiendas y 25 restaurantes. Es uno de los centros comerciales más beneficiosos del país, incluso por encima del Rodeo Drive en Beverly Hills. Esto es un laberinto de grandes galerías que confluyen en plazas decoradas con fontanas y estatuas mitológicas.

Parece que estamos a plena luz del día, ya que el techo curvado y las cúpulas simulan el cielo azul, con nubes esponjosas y blancas. Parece que "se sale", tiene relieve, como si fuera de verdad, y eso que un globo de helio huido interrumpe su escapada y se da de bruces con la cúspide, renunciando a su sueño de alcanzar el firmamento y demostrando que aquello es solo un paramento y que no estamos en el exterior. En algunas zonas, los estratos forman espirales y te sientes dentro de un túnel del tiempo, con el que poder viajar a cualquier época o rincón.

Este decorado es majestuoso: fuentes grandes y pequeñas, siempre llenas de monedas, cariátides sujetando techos y cúpulas, columnas corintias altísimas, techos decorados en extremo y escaleras mecánicas, con una suntuosidad y lujo propio de la época de los emperadores.

Ya son las 23:30 y muchos locales cierran a las 24:00. Volvemos a intentar cenar contra-reloj. A estas horas hay muy poca gente paseando y menos comprando o tomando algo.

No hay suerte, chapan las tiendas, los burger, el Planet Hollywood, Valentino, Pandora, Gucci y ¡hasta un puesto de 24 horas!. Pero al llegar al lugar donde se ofrece el espectáculo gratuito del hotel, Fall of Atlantis, junto a la fontana con la estatua del Dios del vino (rodeado por uvas y con una copa en la mano), vemos abierto el *Cheesecake Factory*. Debido a la escasez de comensales a estas horas, ni siquiera extranjeros, tomamos asiento muy tranquilos.

Me pido un mega-sándwich con pan tostado de esos que van sujetos con palillos para no desmoronarse. Termino hasta la última miga, a pesar de su

tamaño y me tomo una cerveza que me recomendó Carlos, la Samuel Adams Boston Lager, con 4,8 grados de alcohol. Probaría algunas variedades de esta marca durante la aventura americana, dejándome, la mayoría, una buena impresión. Todo es sido idílico, salvo por el aire acondicionado, cuya baja temperatura reduce bastante nuestro confort.

A la una de la madrugada nos marchamos, dejando la propina, posiblemente, a quién no debíamos, pero el camarero que nos atendió desapareció de improviso.

Nos fotografiamos junto a una gran pecera con muchas especies acuáticas que hay al lado del restaurante y entramos en una amplia cúpula que simula el Panteón de Agripa, en Roma. Debajo hay un caballo de Troya de madera y al lado una tienda Nike. Los contrastes históricos y anacronismos ya no nos parecen tan raros. La figura mitológica es la entrada a una tienda FAO Schwartz de juguetes.

Tratamos de encontrar la salida del Forum Shops pero no es sencillo. Me sigue costando trabajo describir la inmensidad de lo visitado, sobre todo del hotel ya que, a pesar de patearnos gran parte, nos dejamos muchísimas cosas sin ver.

Salimos al exterior a pasear. El Strip por la noche es una algarabía de fiesta, ambiente, luces, ajetreo y buen rollo. Hay concurrencia de usuarios por todos lados, la mayoría con bebida en las manos dentro de envases variopintos. Destacan los vasos alargados como probetas que se estiran hasta el suelo. Llego a ver individuos que transportan su consumición en un envase con forma de guitarra.

La vestimenta del personal denota como si estuviéramos en fin de año en España: sofisticada, refinada, pija y, en el caso de muchas chicas, excesivamente exuberante. Me gusta muchísimo que la mayoría de mujeres no se avergüencen de nada, mostrando partes de su anatomía, con independencia de su peso. Así pues, hay piernas, muslos, pechos y cinturas, desbordando por cada rincón. Siempre he estado en contra de las modas y los cánones de belleza, y a favor de mirar a las personas por dentro y querernos como somos, pero he de reconocer que más de una va demasiado llamativa, casi en plan carnaval y dando la nota (si eso es posible en Las Vegas, pues nadie se fija en nadie y todos van a lo suyo).

La fiesta de esta urbe abruma, los sentidos se bloquean ante tal cantidad de estímulos recibidos por tantos frentes y es casi una utopía archivar tantas sensaciones, y mucho más difícil contarlas aquí.

Nos topamos en varias calles con sujetos que nos entregan "cromos" de escorts para contratar sus servicios. Captan el interés golpeando las fotos entre sí, como si estuvieran afilando sus bordes.

Avanzamos por los casinos más cercanos a nuestro hotel y, a la vez, por los más famosos. Ha sido un gran acierto la elección del lugar de reposo, por su inmejorable situación. Por desgracia, al ser algo tarde, los espectáculos gratuitos ya no se representan hasta el día siguiente. Es buen momento, por tanto, para hacernos fotos, pues comprobamos, días más tarde, que es excesiva la gente que se aglutina en algunos shows, así que hay que aprovechar la coyuntura.

Nos paramos a escudriñar el *Treasure Island*. Tiene 2.885 habitaciones, costó 450 millones de dólares y abrió en 1.993. Dispone de spa, centro de fitness, 6 bares, 10 restaurantes y piscina de temporada. El asador Phil's Italian Steakhouse destaca por sus carnes y mariscos, y el restaurante Señor Frogs tiene una gran cocina mexicana. Recomiendan acudir a comer con vestimenta playera. Este hotel tiene una fachada curvada, es sencilla y no tiene nada especial, pero lo que si destaca es el muelle que sirve como pasarela de acceso. El pavimento de la acera cambia al llegar allí y se transforma en madera de embarcadero. Todo detalle está muy cuidado: las sogas que hacen de barandilla para no caer al agua, el olor a humedad, las rocas cumpliendo la labor de dique, palmeras, especies vegetales frondosas, calaveras, etc., que te trasladan a alguna famosa isla de filibusteros y bucaneros como Tortuga Bay, donde Port Royal era el puerto pirata por excelencia.

Me fijo con detenimiento en una pared que simula un acantilado y me doy cuenta que tiene forma de cráneo humano. Los ojos, la boca y el orificio nasal hueco dejan volar la imaginación, de nuevo, al mundo de los tesoros enterrados, las patas de palo, el ron y los parches en la cuenca ocular.

Pero lo más impresionante son, sin duda, los galeones que hay a cada lado del muelle. Solo ver el tamaño, los mástiles con sus velas arriadas y los cañones prestos a recibirnos con una andanada, nos dan una idea de la

actuación teatral que aquí se ejecuta. Cada día, en la laguna, se representa un espectáculo propio de un abordaje entre barcos corsarios. Otro de los shows del Treasure es el llamado Mystere, del Circo del Sol.

Una de las galeras, la más alejada de la entrada al hotel, destaca por tener sobre el tajamar, un mascarón de proa fantástico, una especie de mezcla entre bandera pirata (dos tibias y una calavera) y cráneo de buey del desierto. Las embarcaciones nos hacen soñar con una representación digna del gran estratega Henry Morgan. Lástima que la música que suena en la discoteca-terraza del resort es house, progresive o similar, cuando lo ideal sería algún tema de saqueos de Running Wild o la *Cabalgata de las Valquirias* de Wagner.

Al lado tenemos el **Mirage**, hotel-casino construido en 1989, siendo el más caro de la historia. La cifra de coste alcanzó los 630 millones de dólares. Tiene unos espacios tremendos llenos de superficies rocosas y mucha más agua que el puerto del Treasure Island. Tanta abundancia en recursos acuáticos me hace volver a preguntarme ¿pero esto no es un desierto?. Seguro que las erupciones volcánicas que aquí se representan merecen la pena. Si, si, habéis leído bien, pues tiene un volcán que todos los días entra en erupción, escupiendo lava, rocas y cenizas.

Nos hacemos unas fotos rodeados de palmeras y vegetación variada, pero no pasamos del recibidor. En el interior hay un refugio tropical con delfines, animales salvajes y grandes piscinas. Hay demasiado que ver y, cuando estás en un sitio, parece que no lo disfrutas, porque piensas *"estoy dejando de ver mil rincones más"*. Es difícil dejar de razonar que te falta el tiempo para abarcar tantos lugares que ver, y hay que priorizar y elegir, lo que conlleva excluir.

Durante nuestra estancia en Las Vegas, el Mirage anuncia un espectáculo sobre los Beatles llamado Love, realizado por el Circo del Sol y basado en las canciones del mítico grupo, con un elenco compuesto por sesenta artistas.

Pasamos junto al Palazzo, el Wynn y el Encore, pero ni nos asomamos. A pesar de ser enormes, no llaman tanto la atención y, como he dicho antes, hay que priorizar y descartar unos gigantes por otros.

El **Palazzo** está centrado en el lujo europeo italiano. Buena muestra de ello es la entrada, con un techo de cristal a una altura de 18 metros, que nos lleva a un vestíbulo con una fuente de dos pisos de altura. Abrió a finales de 2007 con 3.068 habitaciones. El casino tiene 2.000 máquinas recreativas, 80 mesas de juego y ocupa casi 10.000 metros cuadrados. Alberga una zona de exhibición de la marca Lamborghini. Está conectado con el resort que abordamos a continuación.

Una visita obligada es el hotel *Venetian*, cuya portada es un calco de muchos de los detalles de la plaza de San Marcos, original de Venecia: puede verse en su fachada el pórtico de columnas blancas del palacio Ducal, con sus capiteles decorados, las farolas, el destacado campanario y los canales con sus famosas góndolas y puentes, tanto en el exterior de la infraestructura, como dentro de la misma. En el interior hay una simulación de cielo muy similar a la de las galerías del Forum Shops, del Caesars Palace, bajo el cual se sitúan las góndolas y canales típicos venecianos. En estos "falsos cielos" hay ángeles e imágenes renacentistas y también nubes en espiral, que te absorben hacia otra dimensión. Aquí se anuncia, como show estrella, Phantom Be Seduced, basado en el musical del Fantasma de la Ópera. El precioso teatro en el que se desarrolla costó 40 millones de dólares. Por lo que leí en su momento, hay que tener un nivel alto de inglés para poder seguir la historia correctamente y disfrutar de ella. El Venetian se inauguró en 1999 donde antes se erguía el Sands Hotel. Con un coste de 1.500 millones de dólares, en ese momento fue el resort más caro de su tipo.

Tras unas fotos románticas en pareja, con besos y abrazos incluidos, ¡cómo no!, decidimos que es un buen sitio para jugar a las máquinas tragaperras por primera vez, solo hay que elegir una entre las 2.000 existentes. El primer escollo a superar es el personal de seguridad. Al vernos con una cámara de video, grabando los pormenores de la partida, nos recriminan y nos prohíben usarla, con una rapidez digna del gran Carl Lewis. Desde entonces, me fijo en todos los casinos y no falla: no se ve a nadie con máquinas de fotos o de video en mano, registrando los momentos propios o ajenos del azar. Parece ser que están muy atentos para evitar que se vulnere la intimidad de los clientes, algo comprensible, ya que algunos pasan media vida frente a los instrumentos sacacuartos, pero que nos resulta fastidioso, pues queríamos plasmar en recuerdos tangibles una de las cosas básicas de Las Vegas: el juego.

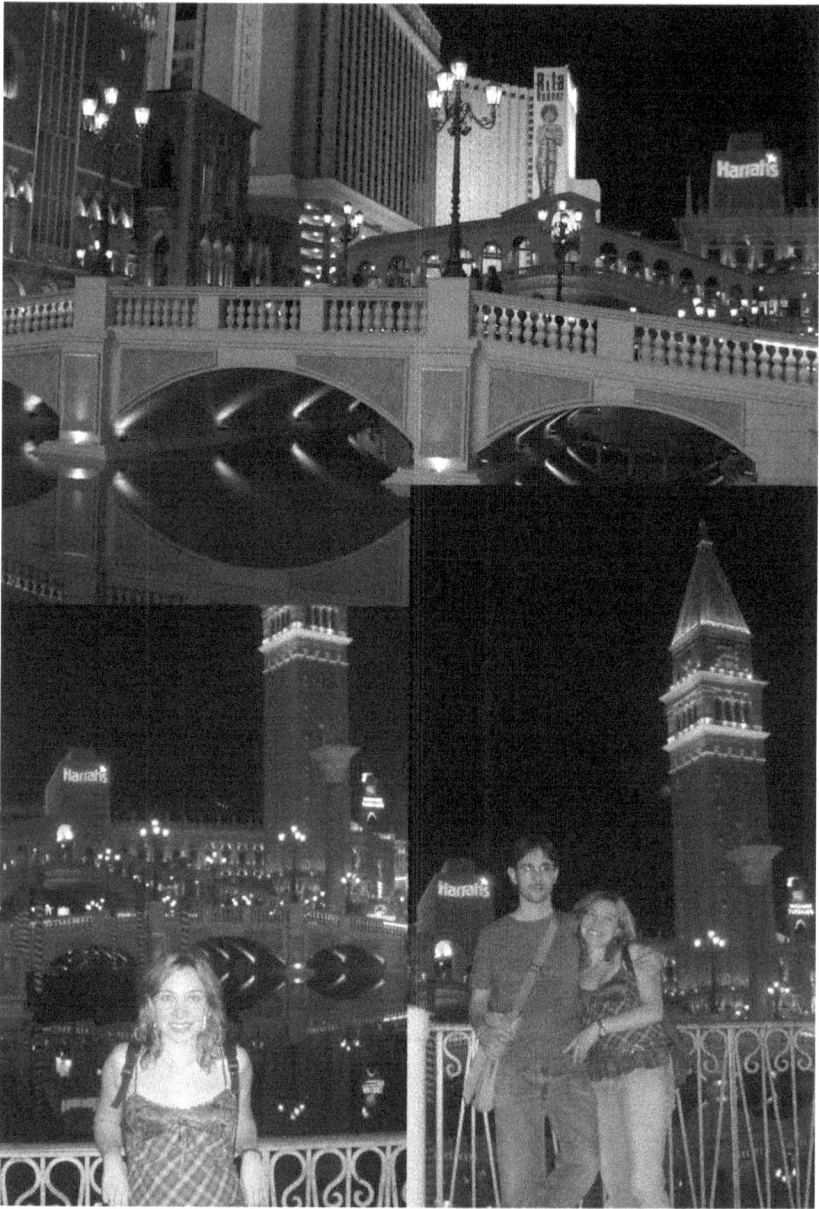

En el Venetian probamos suerte con una recreativa que, además de dinero, ofrece como premio un coche deportivo último modelo, situado en lo alto de una plataforma, cuyo objetivo es llamar la atención del transeúnte.

Tenemos muy claro que vamos a jugar sin dejarnos llevar por las luces, sonido y trampas de sirena, por eso, tras echar por la ranura un dólar y escuchar la música indicativa de premio, brillan nuestros ojos, se agitan nuestros corazones y decidimos retirarnos al instante. Imaginaros nuestra sorpresa cuando, tras solicitar la recompensa conseguida, el papiro impreso por la máquina indica un premio valorado en... ¡solo 1,44 pavos!. Quedamos incrédulos ante tamaña miseria. Si el sonido escuchado es síntoma de 0,44 dólares de premio, ¿cuál sería el nivel de decibelios emitido al ganar los 10.000, 50.000 o el millón de dólares de bote que aparece en la pantalla superior de algunas tragaperras?.

Hablando de contaminación acústica, parece que el característico impacto de las monedas al caer, ha desaparecido, dejando paso a los premios escritos en papel. Ahora, es un ticket el que sale por una rendija a modo de recibo y te dice lo adquirido. También se pueden conseguir tarjetas recargables, como las que se usan para cabinas telefónicas, diseñadas especialmente para jugar, además de proporcionar otras ventajas para el más derrochador. Para más información, hay secciones con taquillas cuyo fin es hacerte socio-jugador del casino con diferentes categorías: oro, platino, etc. Merece la pena sacarse la acreditación para acumular puntos que luego se pueden canjear por premios. De todos modos, el ruido generado por cada recreativa crea un bosque sónico bastante abrumador, así que con los decibelios de las máquinas escupiendo monedas, aquello debía ser muy estresante... salvo para el que consigue premio.

La política de estos recintos es clara: al jugador hay que hacerle sentir como un rey. Por eso, si pides algo de beber mientras apuestas, no te cobran (situación que no ponemos a prueba) y también, las salas de juego son de los pocos sitios en los que se permite fumar.

Tanto si vamos a pasar tiempo apostando, como si se quiere acudir a algún concierto o espectáculo en concreto, y uno está hospedado en el resort que lo ofrece, es interesante preguntar e informarse, ya que hay

rebajas especiales para huéspedes. También hay revistas gratuitas con cupones descuento y es fácil encontrarlas.

Muy cerca de nosotros está una mujer cuya actitud llama poderosamente nuestra atención: usa la rendija por la que caen las monedas como soporte para colocar la bebida y el cenicero. En una mano sujeta un pitillo y en la otra no para de pulsar la tecla de "play" en una tragaperras cuyo monitor indica una cantidad de créditos espeluznante. Cierto es que nosotros, por el dólar introducido, estamos disfrutando de 10 o 20 créditos, pero los miles de aquella señora hacen presagiar un gasto serio. Lo curioso no es solo eso, sino la forma tan tediosa y mecánica con la que prueba suerte. Yo creía que arriesgar efectivo en Las Vegas, además de enriquecerte o arruinarte, era una forma de divertirte, sentir emoción y pasarlo bien, sobre todo si estás rodeado por amigos. Pero dicha mujer no solo está sin compañía, sino que parece un robot, un polichinela con un rictus en la cara que no expresa ni un mínimo sentimiento. Desde ese momento y durante el resto de días, me fijaría en la conducta de muchos jugadores. Lo peor de todo es que, igual que ella, hay mucha gente en todos los casinos y a todas horas del día o de la noche. Pensé en cuánto dinero habría tirado esta peña por el retrete para encima no disfrutarlo, ¡y además en soledad!

El resumen de nuestra ludópata aventura es que nos aburrimos un poco con los artilugios saca-dólares. Tras pasar un rato viendo rodar frutas (y sin que bajen los créditos de juego) ya no nos importa quedarnos a cero y queremos irnos, simplemente. Recuperamos, por tanto, nuestro ticket y lo guardamos como recuerdo.

De nuevo en la calle, es el momento de tomar algo. Entramos en un local cuya cola de espera va para largo. Así que, mientras el resto guardan el sitio, yo doy una vuelta rápida por los alrededores para ver si encuentro algo mejor y sin demoras.

Por primera vez, observo a alguien cuya actitud es irrespetuosa o escandalosa con los demás. Parece europeo, inglés concretamente y lleva una buena tajada encima. Tardo un par de minutos en subir vía arriba y luego vuelvo donde me esperan los demás. Al cruzarme otra vez con el turista que da la nota, ya tiene a un par de policías obligándole a comportarse y pidiéndole explicaciones. Cuando cuento que aquello quizá me parece un poco desproporcionado, Carlos dice que no solo le parece bien, sino que así debía ser en España. Que es una vergüenza que en Madrid cualquier imbécil pueda fastidiarte una salida nocturna, sin que ninguna autoridad ponga remedio a ello. Es cierto que si se atajaran conductas como la mencionada en el Strip, antes de llegar a más, se evitarían muchas movidas desagradables.

Como nos cansamos de esperar, decidimos volver al hotel y beber algo allí. Caminamos por las estancias del Caesars que habíamos descubierto por la tarde, tras la salida del parking y paramos en el **Cleopatra's Barge**: bar con un barco estilo egipcio, cuyo mascarón de proa tiene una figura preciosa de la faraona. No confundir con Lola Flores, evidentemente, hablo de la reina cuya nariz (y supongo que algo más) cautivó a Marco Antonio.

Por la tarde había incluso un grupo musical actuando sobre la cubierta de la embarcación. El término "espectacular" vuelve a ser el más manido a la hora de definir todo lo que vemos. Por desgracia, a las horas en las que estamos, solo queda abierta la barra del exterior y no podemos entrar en la nave.

Hay ganas de probar algo distinto a lo que ingerimos siempre, un cóctel o similar, nada de cerveza, vino, ni orujo. Así que nos dejamos aconsejar por el barman del Gallerie Bar, al que entiendo hasta yo, puesto que es mexicano. Las chicas piden dos sodas, y a Carlos y a mí nos apetece algo con ron y optamos por un Mai Tai[13]: Lleva triple seco, zumo de lima, sirope, granadina y, por supuesto, ron, aunque hay recetas variadas sobre su elaboración. Me gusta mucho al principio, aunque, con el paso de los tragos, se va haciendo un poco pesado. Es curioso que te pidan el carnet en todos sitios, a pesar de que mi aspecto físico haya dejado los 18 noviembres hace lustros. Hacía muchos años que no me lo pedían y eso que mi generación pudo beber a partir de los 16. De los 16 a los 18, por lo menos, era continuo el requerimiento de acreditación en los garitos, ya que es una franja de edad en la que algunos aparentan 12 y otros 24, pero no recordaba ya esa sensación de vulneración legal de la intimidad de uno.

---

[13] Cóctel supuestamente inventado en el restaurante Trader Vic en Oakland, California, en 1944.

No es demasiado tarde, al menos no para la costumbre de ocio nocturno española, pero el número de personas que deambula por el hotel y casino se ha reducido mucho. Lo que si sorprende es ver personal trabajando, no ya sirviendo copas o de crupier, sino limpiando los pasillos y recogiendo pequeños papeles tirados.

Cuando llego a la habitación, me meto en la cama con la idea de que desaprovecho el tiempo en Las Vegas en algo tan banal como dormir… ¿o no?.

CAPÍTULO 3 - DÍA III: 16-8-09. Domingo.

Elvis vive / La hebilla es bella / I-15 "Desaboríos, Toledo – Las Vegas", la autopista hacia el cielo / Nunca un cartel de bienvenida fue tan acogedor / Las fuentes del Bellagio, o las de la eterna juventud / Corazón prisionero de las Sirenas del Treasure Island / Dni, carnet de conducir y pasaporte para beber alcohol / Cócteles, apuestas y Pussycat Dolls

Voy a las Vegas a vivir en la gloria a jugar al big y al póker para ganar, voy a desplumar a viudas millonarias a jugar a la ruleta hasta el final. Por la autopista chicas rubias van y vienen como la fortuna que viene y va, me iré con todas ellas, no volveré jamás.

Letra de la canción *Viva Las Vegas* de La Frontera (1985)

A las nueve de la mañana tengo ya los ojos como el búho de Hooters, el corazón me late con fuerza, llamando a las puertas de mi pecho con un "knock, knock, knocking on Caesars room" y los pies están deseando emprender otro nuevo día lleno de aventuras.

He dormido, por última vez, con una camiseta que le compré a mi amigo Oscar para su viaje fin de carrera de industriales, en el curso 97-98. La poca ropa que trajimos en la maleta, es vieja y según la usamos, la tiramos, haciendo así hueco para las compras. Esta maltrecha prenda ya ha dado de sí lo suficiente, incluso como pijama, así que acaba en la papelera con honores.

Nos duchamos con agua caliente, bueno... más bien templada, a pesar de tener 40 grados en el exterior, pero es que la temperatura de la habitación es tan gélida que dormimos sin quitar el edredón, y eso que el aire acondicionado lo desconectamos la primera noche, nada más llegar. Aun así, sigue haciendo tal frescor, que dan ganas de comprar un pijama de invierno. Todo el edificio desprende frío y nosotros somos como un oasis, pero a la inversa, en el polo sur.

Hoy es 16 de agosto, se cumple el aniversario de la muerte de Elvis, concretamente hace treinta y dos años, en 1977. No es un mal sitio para recordar al Rey, precisamente en la ciudad que le idolatró, sobre todo tras el rodaje en 1964 y composición de la película y canción, llamadas Viva Las Vegas. Protagonizada por Elvis Presley y Ann-Margaret, dirigida por George Sidney y producida por Jack Cummings, se realizó en los años 60, cuando el cine musical estaba en su apogeo en la industria de Hollywood. Aparecen en el filme casinos antiguos y actuales como el Flamingo, Tropicana, Sahara, Stardust, Thunderbird, Dunes, Sands, Swingers, Desert Inn, Nashville Club Nevada[14], etc.

Con la canción mencionada, merodeando por nuestra mente y que nos perseguiría, con agrado, durante gran parte de las vacaciones, ordenamos un poco las compras que están desparramadas por la habitación. Dejamos la papelera llena de envoltorios y cajas de zapatos de Skechers y también un par de dólares de propina, junto con el mensaje "thanks for the housekeeping", que pretenden que el personal de limpieza ejecute más que bien su trabajo y nos libere de residuos. Funcionó. Seguimos con esta costumbre que Carlos nos aconsejó, aunque no tuviera ninguna otra consecuencia positiva, como si les ocurrió a nuestros amigos en otros viajes (bombones, caramelos, etc.)

De nuevo empieza el día con todos cabalgando a lomos del Mustang y volviendo al sur de la ciudad para visitar **Boot Barn** ("head-to-toe western and work wear"[15]), preciosa tienda de género vaquero que supera con creces todas mis expectativas. A nuestro alrededor se agolpan sombreros tejanos, camisetas, publicaciones del mundo ganadero, camisas con flecos, música

---

[14] Este último cambiaría su nombre a Calamity Jane's Nashville Nevada y en 2009 se llamaba Premier Night Club, situado en Fremont Street. Me llama la atención cómo un local puede tener la denominación de un explorador, bandolero o mafioso, entre otros muchos curiosos ejemplos.
[15] De la cabeza a los pies, ropa de trabajo y del oeste.

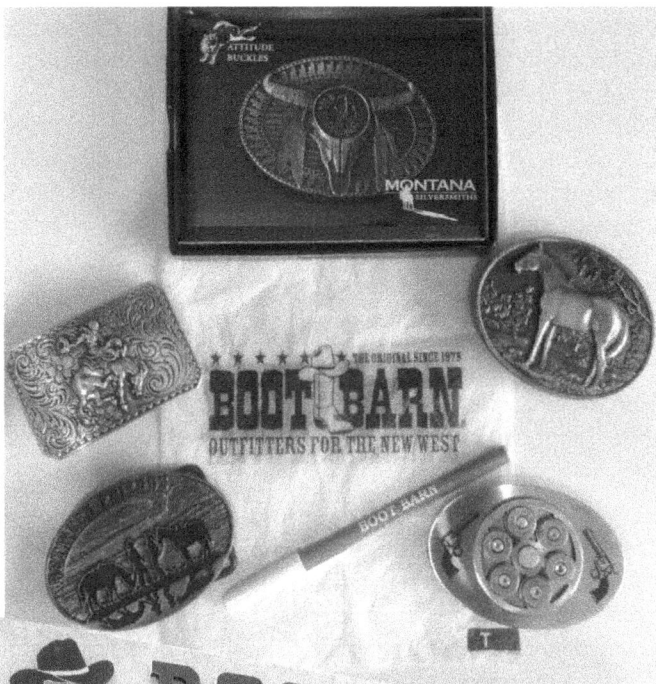

ATTITUDE
BUCKLES

MONTANA
SILVERSMITHS

★ ★ ★ ★ ★ ★ ★ THE ORIGINAL SINCE 1978
BOOT BARN
OUTFITTERS FOR THE NEW WEST

BOOT BARN

BOOT BARN
Head-to-Toe Western and Work Wear

STINKY BOOT
TRADE-IN EVENT

SAVE
$20

BUY 2 GET 1 FREE
Clearance

Dickies
Levi's

country y sureña, prendas moteras y ropa de trabajo para la granja, incluso para montar a caballo o participar en rodeos. Son curiosos los pantalones con refuerzos en la entrepierna para asirse mejor a la grupa de los animales bravos. Hay figuras de indios y vaqueros, revistas especializadas como America's Cowboy, Western Horseman o Cowboys Indians, juegos del Monopoli con nombres tan propios como Rodeo-Opoly o Horse-Opoly y, cómo no, cientos de botas para hacer honor al nombre del establecimiento. También tienen la promoción del 2x1 que abunda en casi todos los comercios.

Al llegar a la dependencia, somos sorprendidos por un grupo grande de motoristas que buscan calzado… seguramente no hay otro sitio mejor. Al igual que un restaurante de carretera lleno de camioneros tiene fama de "buen comer", supongo que un local especializado en botas, lleno de jinetes motorizados, será referente en este mundillo.

Un empleado mexicano ataviado con su sombrero, pantalón vaquero, hebilla y atuendo de ranchero, nos informa en castellano de las distintas calidades. Nunca imaginé que podía haber botas de piel de tiburón, lagarto, avestruz, dingo o venado, además de las típicas de piel de vacuno. Los estilos de las mismas son polivalentes: para trabajar, hacer trekking, para rockabillys o para moteros.

Me gustan los paquetes personalizados de póker con sus fichas, dados y baraja de cartas. Algunos también tienen petaca de licor, como el pack Jack Daniels, con su logo impregnado en todas las piezas de juego.

Los marcos para fotos nos cautivan desde el primer momento que los vemos y nos llevamos varios. Poseen un toque rústico, con pinceladas de madera vieja y evocando el salvaje oeste. Entre los motivos que salpican los mismos hay herraduras, riendas de caballo, alambres de espino o estrellas de sheriff. Uno me impacta por su familiaridad, ya que es de la marca John Deere, representada por el ciervo rampante. Quién me iba a mí a decir que aquel símbolo, tantas veces visto en gorras y maquinaria de mi pueblo, en Santibañez de Esgueva (Burgos), lo iba a encontrar en una tienda de Las Vegas, Nevada.

Las hebillas de cinturón hacen las delicias de mis compras, ya que llevo buscando modelos desde hace muchos años. A mediados de los noventa,

era fácil encontrarlas en comercios de ropa y catálogos, incluso en El Corte Inglés existía el típico expositor hexagonal de madera. Pero poco después, pasó la moda o la demanda y, desde entonces, me ha sido imposible encontrar alguna. Algo parecido debió ocurrir con las camisas vaqueras. El caso es que no escatimo en caprichos y adquiero, a muy buen precio, una doraba con un caballo, otra con una calavera de buey y símbolos indios (que se convertirá en una de mis favoritas) y una algo más cara, con un cargador de revólver que gira, recordándome a la que ya tengo de una espuela.

Susana me regala una hebilla que complace a los dos: representa un encuentro entre un cowboy y su cowgirl, con sus respectivos equinos, frente a una puesta de sol. Encabeza la imagen el texto "between friends" … Más que amigos, supongo que serían, jejeje.

No compro más porque la mayoría que hay son exageradamente grandes, parecen parachoques y son muy cantosas, plateadas y refulgentes para ser vistas a distancia. Si no me llego a contener, es más que seguro que habría llenado la mochila. Miento, hago una adquisición más, pero que viene con un cinto, que es lo que me interesa, pues está muy barato y dispone de remaches para poder intercambiar ejemplares. Esta también es resplandeciente, pero bastante más pequeña que las otras y representa a un vaquero montando en pleno rodeo.

Carlos nunca fue de cartucheras, broches, ni corchetes, pero tampoco evita la tentación y, más que nada animado por su pareja, pilla un cinto y la mística hebilla de plumas indias y el buey, que ya me había embrujado a mí.

Quien tarda más en claudicar es Marta, ya que se prueba un montón de botas hasta decidirse. Al final, escoge un par precioso, al más puro estilo rocker que tanto me gusta. Yo también dudo bastante rato sobre calzar alguna de aquellas bellezas, pero es un gasto más, abultado y caprichoso, en mi caso, y aún me ronda por la cabeza la compra de la guitarra. Las más asequibles son feas o toscas y las hermosas cuestan su dinerín, así que no me lo planteo mucho[16].

---

[16] Tras el viaje, cuando veo lo bien que le sientan a Marta, cómo viste y calza, nunca mejor dicho, y que yo sigo con mis simples zapatillas estilo "Jucundiano", me arrepiento muy mucho de que mis pinreles no me lleven a los bares con tan elegante medio de transporte.

Tras más de una hora aquí, salimos satisfechos, salvo Susa, la única a la que no le hace mucha gracia el lugar. Solo echo en falta corbatas de esas tejanas, compuestas por dos cordeles y con una chapa o broche decorativo, tan usadas por los rockabillys.

Al lado de la tienda, junto a una gasolinera, me fijo en un Smog Center, o establecimiento en el que controlan los gases que emite tu vehículo. Hasta entonces no había visto nunca nada parecido[17]. No creo que esto vaya a solucionar el incumplimiento del Protocolo de Kyoto, tanto por parte de Estados Unidos como de España. Deberían poner más trabas y sanciones a las incineradoras, empresas eléctricas, centrales nucleares o térmicas, que son las verdaderas protagonistas del cambio climático, no solo los consumidores… pero esta es otra cuestión.

Antes de montar en el Mustang, vemos la matrícula de otro coche con un vaquero a caballo y una puesta de sol, que destaca mucho más que las montañas blancas de la nuestra. A pesar de ser las dos del estado de Nevada, son muy distintas en colores y motivos, y es que en EE.UU. puedes personalizar la matrícula de tu vehículo. No quiero ni imaginarme cómo quedarían en nuestro país, chapas con leyendas como "el Chucky de Cieza", "la Bestia de Fuenla" o "el Más Heavy de Vallekas", tirando de tópicos.

Siguiendo el plan establecido para hoy, muy cerca de Boot Barn está *Las Vegas Outlet Center-The Belz Factory Outlet World*, otro gran centro comercial con buenos precios, pero, al estar dentro de la ciudad, no tiene artículos tan económicos como el de Primm y hay mucha más gente.

Ya es hora de yantar, así que volvemos a decantarnos por comida rápida. Lleno otra vez la bandeja de "varietés" parecidas a las de ayer, con diversos arroces, alitas a la naranja y cosas así. Las chicas engullen, cual pavas, en un abrir y cerrar de ojos, para aprovechar el tiempo en las tiendas, pero nosotros nos tomamos el avituallamiento con más calma. Hablamos de la sociedad norteamericana, del tiempo que pasó Carlos en el país, de las impresiones sobre los habitantes, la cultura, etc. y comparamos múltiples aspectos con la forma de vida española, la política, educación y demás.

---

[17] Actualmente, también en España, además del aceite, el desgaste de ruedas o las luces, se controla la contaminación que generamos con el coche, pudiendo multarnos si nos pasamos de una cantidad, sobre todo por falta de mantenimiento.

Tras acallar la gusa, entramos en una franquicia *Nike* (igual que el día anterior en Primm). Carlos sigue sin encontrar el calzado que quiere para Alberto (amigo común y hermano de Marta), así que optamos por unas camisetas deportivas transpirables. ¡Qué tacto, qué sensación al pasar los dedos, qué prendas más finas y cómodas!. Me llevo dos, una para mi padre y otra para mí, para seguir con la sana costumbre de hacer atletismo habitualmente. Dos o tres días a la semana, salgo a correr por los alrededores de mi urbanización, eligiendo la ruta de los merenderos, llena de pinos y desniveles rompe-piernas, con subidas y bajadas continuas, o la que va por caminos de arena hasta la localidad de Bargas, con perdices y conejos saliendo al paso. No suelo cuidar mi calzado y eso que el material con el que pisas es algo importantísimo para que no se resienta la base de la espalda. Pero ayer puse remedio a esto pillándome unas buenas zapatillas.

Al salir del recinto, Carlos se da cuenta de que le han cobrado de más. Hay que volver y reclamar. Nos sabe mal, porque siempre se te pasa por la cabeza que el dependiente está pensando que le quieres engañar. Al menos esa es la mentalidad española, quizá aquí no desconfían tanto de la gente.

Tras dar una vuelta por Aeropostale, encuentro una máquina[18] que me parece curiosa. Te permite fabricar monedas a tu gusto, eligiendo entre varias imágenes. Los engranajes y mecanismos que hay que desplazar manualmente son curiosos y funcionan girando ruedas y palancas hasta que cae a un depósito el centavo deseado. Carlos ya ha visto artefactos similares en otros estados americanos y, parece ser que, Marta es una auténtica coleccionista.

Lo que nos atrae intensamente a los dos es un puesto con rótulos y placas personalizadas. Hay desde señales de tráfico, hasta de prevención de incendios, o simulando locales de ocio. De nuevo pica la tentación de llevarnos otra "frikada", así que elegimos la placa de la carretera interestatal I-15 que tanto nos hizo disfrutar el día de ayer. Eso sí, el nombre de la ruta que encargamos grabar es el siguiente: "Desaboríos. Toledo – Las Vegas 09" con el símbolo de la autopista en el lado izquierdo. Como todo nos parece

---

[18] Años después las he encontrado en muchos sitios, pero este fue el primer viaje en el que las veía.

barato y hay que aprovechar la ocasión (quizá no volvamos nunca más a este país), nos hacemos una placa para cada uno.

Tardan un poco en fabricarlas, lo que provoca que lleguemos tarde al punto de reunión en el que, sorprendentemente, las chicas sí han sido puntuales. Les explicamos el motivo de la tardanza y, al enseñarles los flamantes souvenirs, entienden que la causa está más que justificada.

A la salida del Outlet Center no somos comedidos en un tenderete y compramos imanes de nevera, barajas de póker, llaveros, etc. Todo entra por los ojos con enorme facilidad, como la estética de las fichas de casino o las postales con los hoteles. Además, tenemos la sensación de estar rodeados de gangas (los costes son desde pocos centavos hasta un dólar), así que no nos privamos de caprichos ni de recuerdos para regalar.

En el aparcamiento hacemos fotos de las matrículas de algunos coches. Son diferentes en función de los estados, las hay únicas, personalizadas y hasta una con el águila de Harley Davidson. Inmortalizamos la de nuestro Mustang: Nevada 379-VXR, con la estampa al fondo de las montañas con las cumbres canosas.

Le comento a Carlos la imagen que asalta varias veces mi mente: recuerdo aquella recreativa de la época de los 8 bits llamada Out Run, en la que conducías un descapotable rojo con una chica al lado, y en la que podías elegir la música antes de arrancar. Supongo que en alguna partida me había imaginado algo parecido, y lo más similar a aquel juego de ordenador es lo que nos está ocurriendo en este viaje.

El día otra vez nos abandona y el tiempo se escapa entre nuestros dedos. Hay que descartar, de nuevo, el ir a una tienda de alquiler de armas para pegar unos tiros. Por cercanía, queríamos ir a *The Gun Store*, local donde por 20 dólares puedes disparar con armas de fuego. El precio incluye munición, instructor y protector de oídos, aunque luego dependerá de las rondas y del tipo de armamento, ya que hay hasta metralletas. También puedes elegir el blanco a destruir. Parece ser que el más demandado es la cara de Bin Laden.

Como estamos en la zona sur y en la dirección correcta, hacemos la visita obligada al mítico cartel de bienvenida de la ciudad, el famoso *Welcome to*

Fabulous Las Vegas, Nevada. De esta manera, nadie podrá dudar de nuestra presencia aquí, ni siquiera nosotros, pues el paso de los años te hace olvidar hasta el lugar de nacimiento. La música de los Beach Boys sonando al llegar, con *Surfin' USA*, vuelve a encuadrarnos en el fotograma de una película.

La señal fue creada en 1959 por Ted Rogich y Betty Willis (quien también ideó el rótulo del Moulin Rouge) y se ha convertido en un auténtico icono. Ha tenido que desplazarse más al sur de su emplazamiento original, al ir creciendo la ciudad (bajo Russell Road). Está en una isleta enorme, en el centro de varios carriles de la carretera principal.

Conseguimos aparcar al lado de la misma, rodeados de verde césped y altas palmeras. Es aconsejable ir en vehículo, salvo que te hospedes en el Mandalay o alrededores, ya que no está cerca de la zona turística principal. Aunque nos arremolinamos frente al poste unos cuantos turistas, las fotos se hacen de manera muy ordenada, sin empujones y respetando las posiciones. La gente espera pacientemente y hace turnos para salir en las instantáneas.

Bajo aquellas bombillas con el símbolo del diamante, la pica, el corazón y el trébol, estuvieron los más grandes: Elvis, Sinatra, Marilyn, incluso es rincón habitual para celebrar bodas ¿y dónde no?. Aunque el sol ya ha iniciado su descenso, existe todavía mucha luz. Quizá por la noche, con todas las luces artificiales funcionando, tenga un aspecto más emblemático.

La parte trasera, la cual se ve cuando sales de la urbe, nos desea que volvamos pronto y que conduzcamos con cuidado ("drive carefully come back soon").

Volvemos a montarnos en el carro y recorremos la zona cercana al Stratosphere, con resorts más antiguos que los del Strip. Pasamos cerca del Nascar Café, del Sahara, Crazy Horse III Club, Circus Circus, Riviera, Encore… ¿pero dónde está el Stardust?.

El ***Sahara***[19] está dedicado al universo árabe, ambientado en África del Norte, tiene 1.720 habitaciones y ocupa 174.000 metros cuadrados. Se inauguró en 1952 a las afueras de la ciudad.

---

[19] En 2011 cerró sus puertas y volvió a abrir en 2014 con el nombre de SLS Las Vegas.

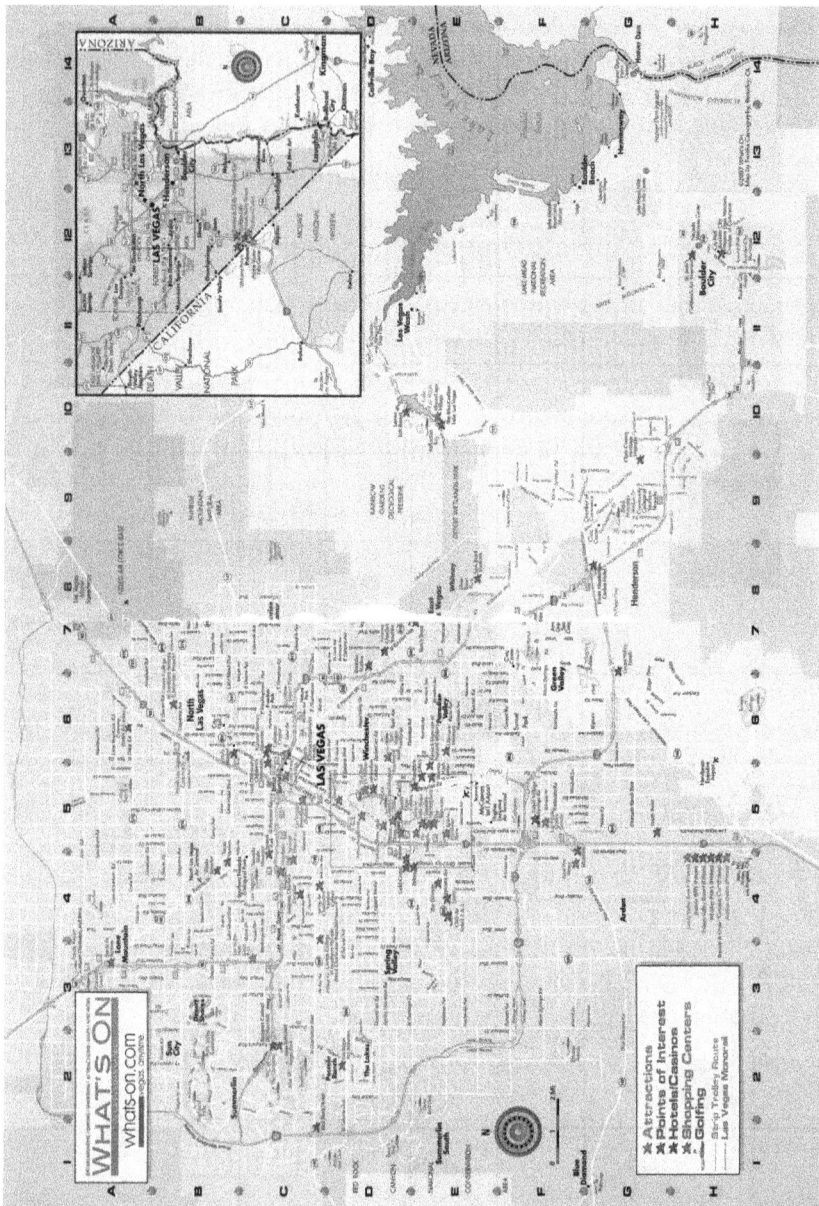

El *Circus Circus* tiene 3.774 aposentos y su temática es circense, como su nombre indica. Todos los días hay espectáculos relacionados con el circo, bajo una carpa enorme, siendo la más grande del planeta. Su apertura fue en 1968. Se dio a conocer a nivel mundial gracias a la película de James Bond, Diamantes para la eternidad de 1971. Tiene piscinas nudistas, salones con películas X y un parque de atracciones llamado Adventuredome, que cuenta con montañas rusas, minigolf, zona de realidad virtual, etc. El payaso gigante de la entrada es su icono reconocible en el sector de los alojamientos y del entretenimiento.

El *Crazy Horse III* está orientado a las despedidas de soltero masculinas, ya que es un célebre club de striptease. Aquí pueden verse artistas, cantantes, famosos, estrellas de la tele, etc. Los decorados intentan emular la antigua Grecia y Roma clásicas.

El *Riviera*[20] tiene 2.100 dormitorios. Abrió en 1955, siendo Harpo y Gummo Marx algunos de sus socios inversores y fue el primer casino que rompió moldes con su diseño, ya que no se parecía al resto, similares por entonces a moteles. Estuvo mucho tiempo vinculado a la mafia. Es uno de los más conocidos y antiguos de la ciudad. También aparece en el filme Diamantes para la eternidad.

El *Encore* está nuevecito, nuevecito, pues fue inaugurado a finales del año anterior, 2008, en el espacio que antes ocupaba el Desert Inn. Tiene 2.034 flamantes habitaciones. Es curioso porque no solo no alberga un piso 13, por superstición, sino tampoco un 40 ni 49, ya que en la cultura asiática el número cuatro significa "muerte". Lo que en principio iba a ser una expansión del *Wynn*, acabó convirtiéndose en otro hotel. Este debe su nombre a Steve Wynn, dueño de ambas propiedades y de la sociedad Wynn Resorts Limited, que dispone de muchos otros casinos.

Vemos desde el coche una parte del abordaje pirata del Treasure Island, mientras soportamos pacientemente el atasco descomunal y Susana graba en video la torre Eiffel del hotel París mientras dice que es "la España de la libertad". Tras unas risas, reflexiona y duda de hacerse unas pruebas médicas al volver a nuestra patria

---

[20] Sufrió bancarrota en 2010, cerró en mayo de 2015 y fue demolido en 2016 con una explosión espectacular de esas que tan bien saben hacer los americanos.

Una manera de pasar el tiempo en un embotellamiento de estas dimensiones, es fijarse en los enormes carteles de publicidad de los vehículos. Así lo hacemos. Son de lo más variado y sorprendente, ya que algunos anuncian hasta experiencias sobrenaturales. Los de las autopistas también te dejan impactado: "mojitos strip side-rhum bar" no destaca tanto como "vasectomy.com, it's easier that you think"[21].

Devolvemos el coche al aparcamiento del hotel antes de las "campanadas" que convierten al Mustang en una calabaza. Me refiero a las siete de la tarde, hora a partir de la cual Las Vegas Boulevard comienza su ebullición, haciendo imposible su tránsito con transporte rodado. Por eso, intentamos dejar el carro antes, para ganar tiempo y emplearlo en ver los casinos.

De nuevo somos testigos de otra curiosidad solo vista a través de la "caja tonta": los policías montados en bici, típicos de series como Pacific Blue (demasiado influenciada por Los Vigilantes de la Playa).

Entramos en Forum Shops, la zona de tiendas del Caesars Palace y vamos a las fuentes que la noche anterior estaban apagadas y desiertas. Aquí se representa el espectáculo Fall of Atlantis, algo así como la caída o el hundimiento de la Atlántida. El rey Atlas tiene que tomar la decisión de elegir a uno de sus hijos para gobernar. Los hermanos se enfrentan por el trono. Consiste en la aparición de robots sobre columnas, funcionando con la técnica animatrónica, que representa personajes mitológicos. Estos hablan, mueven la cabeza, brazos y cintura, mientras chorros de fuego son escupidos por diversos lados de la fuente. La megafonía da el toque épico, con música que adorna los momentos más importantes de la historia relatada.

Entre que los diálogos están en inglés y que los autómatas no hacen nada de otro mundo, no nos quedan ganas de ver las demás fontanas repartidas por el Forum. Lo que observamos es muy poco movimiento de las figuras y mucha voz en off. La representación, que combina agua y fuego, dura diez minutos y se repite cada hora desde las 23:00 horas.

Al alejarnos de la zona, pasamos junto a la fontana de Baco, donde también ha dado comienzo el show, con el dios del vino como protagonista

---

[21] Vasectomía.com, es más fácil de lo que piensas.

en su trono. De los espectáculos gratuitos que presenciamos, creo que es el que menos nos gusta a todos, hasta el punto de no ver todas las fuentes móviles, como ya he dicho.

Elegimos para la cena el célebre *Planet Hollywood*, con una ambientación muy propia, llena de imágenes, figuras, vestuario o artilugios utilizados en películas muy conocidas. Ya en el hall, nos recibe una estatua de Rocky Balboa, en postura dispuesta para lanzar un golpe de derecha, a pesar de ser zurdo. Hay foto obligatoria, al igual que con una de las palas de aquella especie de cesta punta a la que se jugaba en Tron, y con el modelo T1000 de Terminator 2. Por desgracia, hay poca iluminación y las instantáneas quedan muy opacas.

En la zona más amplia del establecimiento, al fondo, se erige una especie de cúpula y mural enorme, repletos de motivos que recuerdan a filmes dispares de varias épocas: Superman, la luna con la nave en el ojo de George Meliés, R2D2, Rambo, Schwarzenegger, Bruce Willis como John McLaine (Jungla de Cristal), Arma Letal, Patrick Swayce, Bradd Pitt, King Kong, Will Smith, etc.

Asistimos aquí a una situación que se repetiría en posteriores locales públicos, me refiero a la celebración de los cumpleaños. Parece ser que, en Estados Unidos, cuando es el aniversario de alguien, el personal pide un momento de atención a los comensales, se canta el célebre "happy birthday to you…" y se aplaude, invitando a participar a mucha de la gente que está o pasa por allí. Queda tan chulo ser de repente el centro de atención, que estoy a punto de echarle morro y decir al camarero que también yo cumplo años, para aprovechar tan solidaria iniciativa.

El baño del Planet es más que moderno. Está lleno de sensores de movimiento: uno que te detecta según entras y enciende las luces; otro en el inodoro que tira de la cisterna cuando te alejas; en el grifo, que provoca la salida o cierre del agua, y hasta en el expendedor de papel para secarte las manos. Con solo acercar la palma, se activa y te ofrece celulosa. Tanto avance junto me hace sentir protagonista de una película en la que piloto el Enterprise o la Nostromo.

Las bebidas y platos, como no puede ser de otra forma, tienen nombres relacionados con el mundo del celuloide. Yo me tomo una Caipiriña, cóctel

típico brasileño elaborado con lima, azúcar y cachaza, renombrado como Terminador. A punto estoy de sustituirlo por un Alexander y recordar los viejos tiempos tomando porrones en el Sildavia[22] del Toledo noventero. Las chicas cenan suave, pero Carlos y yo pedimos un buen costillar, que no nos terminamos. No es por la cantidad sino por la calidad de las piezas, ya que están bastante duras, incluso hay algunas quemadas.

Con el buche bien servido, pasamos al lado del Flamingo y del Bill's Gamblim' Hall Saloon Drais, pero no entramos.

En el *Flamingo* puedes admirar aves exóticas, pingüinos, un paraíso perdido con palmeras, lagunas, estanques, riachuelos y cascadas. El flamenco con la flor con luces de neón, rosas y anaranjadas, que sirve de icono, también puede apreciarse aquí. Tiene 61.000 metros cuadrados, 3.626 habitaciones y un estilo art decó en el que predomina el color rosa. En sus comienzos perteneció a uno de los primeros colonos que llegó a Las Vegas, Charles Squires. Su apertura fue en 1946 con un coste de seis millones de dólares. En esos momentos, con 105 dormitorios, era el hotel más lujoso que existía en el mundo. Una de las películas más famosas grabadas aquí es Viva Las Vegas con Elvis Presley.

Bill's Gamblim' Hall Saloon Drais[23] toma su nombre de Bill Harrah, el creador del hotel Harrah. Aquí puede verse uno de los pocos shows de salón que quedan, con un imitador del Rey gordo, "Big Elvis", y de manera gratuita.

Mientras caminamos, con la noche como telón de fondo, vemos detenidamente los exteriores del Caesars en la nocturnidad. Tenemos una vista preciosa de las atalayas, desde la fuente con la estatua de la Victoria de Samotracia (al lado del Serendipity 3).

Oímos *"one water, one dollar"* sin parar, pronunciado por un montón de vendedores y a una velocidad de vértigo. La verdad es que, salvo para eso, comprar una botellita de agua o similar, el dólar de hoy en día, en las grandes urbes de EE.UU., no es un billete práctico. Ocurre como con la

---

[22] Extinto bar donde servían cócteles en porrón. Sex on the Beach, Daiquiri o Alexander, eran algunos de los más demandados.
[23] Cerró en 2013 y en 2014 cambió su nombre por Gansevoort.

antigua peseta, que se te va llenando el bolsillo de calderilla y al final te estorba. Pues lo mismo, ya que puedes acumular con facilidad hasta 10 billetes cuyo valor no llega a los ocho euros, pero que molestan y ocupan espacio. Supongo que no desaparece por nostalgia, por ser un emblema y un icono histórico, pero queda ridículo frente al coste de la vida actual y su poco manejo.

Llegamos después a las fuentes del *Bellagio*: alojamiento muy popular en la ciudad y mundialmente conocido, sobre todo por películas como las de la saga Ocean's Eleven. Este es uno de los recintos más exquisitos, con tiendas exclusivas como Chanel, Dior, Versace, etc.… y con un enorme lago en la entrada, en el que realizan cada media hora exhibiciones de luz y sonido con impresionantes torres de agua. En sus 32.000 metros cuadrados, las fuentes son protagonistas de uno de los espectáculos más famosos del Strip. Por dentro, llaman la atención la decoración y estética más sofisticada, el buen gusto y el lujo más refinado. Las alfombras, moquetas, suelos o muebles, priman por su calidad y te hacen sentir en un área suntuosa y selecta, con mucha clase. Cuenta con jardines botánicos que cambian cinco veces al año en función de las estaciones (cuidados en exclusiva por 120 trabajadores), galería de arte, centro comercial, conservatorio con exhibiciones al estilo Broadway, varias piscinas y con la representación de la obra O, del Circo del Sol. Está edificado donde antes se alzaba el casino Dunes. Costó 1.600 millones de dólares e inició su andadura en 1998 con 3.200 habitaciones. En su época fue el hotel más costoso jamás levantado. En esta urbe, parece que cada cosa que se construye hoy, supera lo anterior, pero lo que mañana se levante, aventajará de nuevo a todo lo conocido.

Vemos la famosa representación desde uno de los laterales, ya que accedemos desde el interior del casino y no desde el paseo del Strip, pero disfrutamos de primera fila y de una buena acústica. Dura apenas tres minutos, pero es muy bonito, combinando *Fly Me to the Moon* de Frank Sinatra con chorros danzantes, a diferentes alturas, surtidores y géiseres de líquido que cambian en función del ritmo. Comienza con una niebla que a Susa le recuerda al humo blanco de la serie Lost. Después surgen explosiones de agua, "mangueraaos" circulares, surtidores sinuosos, serpenteantes y que suben hasta el cielo (en ocasiones alcanzan una elevación de un edificio de 24 pisos). A veces parecen lanzallamas, pero

96

cambiando el elemento fuego por el agua. Hay dos zonas diferenciadas, haciendo cada una algo distinto y no sabes para dónde mirar. Ojalá tuviéramos los ojos como los camaleones y pudiéramos girar uno para cada lado, así no nos perderíamos ni un detalle. Unos refrescantes estallidos ponen el punto y final, despertando multitud de aplausos.

La construcción de esta maravilla llegó a costar 40 millones de dólares, el lago ocupa más de tres hectáreas de largo, y tiene 8.000 metros de tuberías, 1.200 boquillas y alrededor de 4.500 luces. Solo en el mantenimiento diario trabajan 30 ingenieros, incluyendo buzos profesionales.

Son unas 30 canciones con "coreografías" diferentes las que se van intercalando, entre otras, *My Heart Will Go On* de Celine Dion, *Lucy in the Sky With Diamonds* de The Beatles o *Billie Jean* de Michael Jackson, son algunos ejemplos. En los próximos días tendremos la suerte de asistir a dos representaciones más.

Continuamos deambulando por el paseo principal. La aglomeración de coches a estas horas es enorme, menos mal que hoy nos pilla andando. Hay bastantes apreturas y una cantidad de gente propia de nochebuena. A pesar de tanta muchedumbre, el comportamiento es cortés y educado, topándonos solo con un grupo de guiris bastante molesto que incordia a todo el que se cruza en su caminar. Lo componen unas cuatro parejas de chicos y chicas, y parecen alemanes por el idioma con el que se comunican. Están bastante bebidos y van escenificando su propia juerga con risas, voces altas y andares intermitentes. Pero lo más sorprendente de su conducta es lo liberales que se muestran entre ellos, besando ahora a esta morena, después a la rubia, ahora me abrazo con esta, ahora sobo a la otra y así, sucesivamente, se alternan las compañías. Pues sí, esto solo lo he visto en Las Vegas y, tengo que reconocer que, no está mal planteada la juerga de los chavales.

Siguiendo con los horarios de los espectáculos gratuitos, toca acercarse al **Treasure Island** para disfrutar del abordaje de las sirenas y de la batalla naval. Esta maravilla ha sido ideada por Kenny Ortega, quien ganó un Emmy por High School Musical. Entre que el espacio del embarcadero es muy angosto y la afluencia de público es enorme, más que ver unos galeones, parece que estamos en pateras. El número se representa pocas

veces al día y de manera muy espaciada (cada hora y media más o menos, desde las siete de la tarde hasta las 23:30), además de ser uno de los más costosos de ejecutar. Unido a que también es de balde, mucha gente coge sitio en los escasos asientos del muelle desde nada más acabar la actuación anterior, para asistir así, en posición privilegiada, a la siguiente.

En mi caso, es el show que más me impresiona, no solo por la belleza y exuberancia de las protagonistas, sino también por la pirotecnia, sonido, iluminación, desarrollo de la historia, etc. Es quizá la más larga de las exhibiciones gratuitas que se ofrecen, pero hasta tal punto me entretiene que, los quince minutos que dura, se me pasan como alma que lleva el diablo.

Comienza la función en la embarcación de la izquierda, una fragata inglesa de tamaño real, donde un numeroso grupo de preciosas corsarias tienen prisionero a un "pobre" marinero. Acude al rescate otro barco con un emblema pirata enorme, muy del estilo de la banda de heavy metal Running Wild. Se intercambian los cañonazos, las columnas de fuego y llamas (simulando los impactos de los proyectiles), y las caídas al agua desde los mástiles más altos, mientras se intercalan los bailes y coreografías. Al final, los bucaneros se hunden junto con su navío, mientras las sirenas celebran la victoria y pasan por la quilla al cautivo, el cual se lanza haciendo piruetas, como si estuviera en una competición de salto de trampolín. Los fuegos artificiales en el cielo dan por finalizado un espectáculo tan sexy como espléndido.

Creo que fue en internet donde leí que, en ocasiones, espectadores se han tirado al agua para "socorrer" a alguna bella sirena arrojada por la borda. No os riais, porque yo estuve a punto de hacer una locura.

La siguiente megápolis que pisamos, tras "La Isla del Tesoro", es el *Mirage*. Se construyó en 1989 y fue el resort más caro de la historia (costó unos 630 millones de dólares). Tiene una isla tropical con cataratas y un volcán en el que se representa (cada media hora entre las 19:00 y las 24:00 horas) un show con erupciones de fuego, humo, llamaradas y lava a raudales, escupidas por la montaña. Puede sentirse el calor y el agobio, arropados por sonidos reales propios de una explosión volcánica. Dura unos cinco minutos y también es gratuito. El escenario se completa con una laguna artificial con 54 cascadas que fluyen por las laderas del cráter.

Susana y Marta están destrozadas, por lo que nos centramos solo en ver las exhibiciones y descartamos entrar en los casinos. Cierto es que accedemos al hall del Mirage, lleno de vegetación y especies exóticas, pero no nos aventuramos en la selva tropical interior, ni en el hábitat de delfines, ni en el acuario de agua salada. El hotel cuenta también con piscina y balneario, ocho restaurantes, cuatro zonas de bar, otro hábitat con tigres blancos, el famoso campo de golf de Shadow Creek y un casino con más de 2.000 máquinas. Entre las funciones que ofrece, destaca la actuación del Circo del Sol con un homenaje a la leyenda de The Beatles.

Volvemos a nuestra morada en el Caesars para que las chicas se vayan a descansar. Carlos y yo, tenemos ganas de alargar la noche y nos tomamos un Alexander en el *Cleopatra´s Barge*, donde el día anterior no habíamos podido entrar. Nos atiende un camarero de color, muy desconfiado debido a las incongruencias que observa en la documentación que nos solicita. Lo que en principio puede parecer halagador (en las Vegas piden el carnet aunque tengas aspecto de pasar los 80 años), acaba crispando nuestra paciencia cuando el mesero nos pide el dni, pasaporte y carnet de conducir. La confusión es lógica, ya que no coinciden nuestras credenciales a pesar de provenir del mismo país. Cada uno enseña una acreditación diferente: el pasaporte original y el fotocopiado, la "driving licence" antigua y moderna, y el dni viejo y nuevo. Cuando yo saco un documento vetusto, Carlos enseña el renovado y viceversa. Confundimos bastante a quien tiene que expendernos las bebidas, pero al final, y tras muchas explicaciones, cede.

De fondo suenan *Billie Jean* de Michael Jackson y luego *Sweet Home Alabama* de Lynyrd Skynyrd. Si, las mismas canciones que escuchadas en el coche o en casa no saben igual que si las oyes en el corazón de "los Estates".

Con este decorado, no podemos resistirnos a la tentación de beber otro cóctel, esta vez en el casino-hall, donde el camarero estuvo más agradable y tolerante. Queda sorprendido cuando ve nuestra propina de 5$. Tendidos en confortables sofás y escuchando aplausos de fondo (puede que propiciados por alguna buena jugada en una mesa de juego), disfrutamos de una de esas conversaciones en las que resolvemos el mundo y nuestras vidas durante unos minutos, a sabiendas de que mañana continuará todo igual.

Antes de acostarnos, damos una vuelta de reconocimiento por las enormes instalaciones del casino. Encontramos una zona de apuestas deportivas con una gran pantalla en la que se reflejan resultados de competiciones variadas. Una tabla alberga agrupaciones del llamado Pro Football (fútbol americano), en la que aparecen los Titans, Falcons, Broncos, Eagles, Vikings, Jaguars, etc. ¿Os imagináis que aquí en España hubiera equipos que se llamaran los linces, urogallos o los dragones?, ¿no pega mucho verdad?. También hay tablas dedicadas al fútbol canadiense y al convencional (soccer, como dicen en esta tierra), con envites para el mundial de Suráfrica.

Evidentemente, por estas fechas, nuestro país lidera la primera posición en la tabla con un 4 a 1, siendo la apuesta más asequible y recomendada para ganar, aunque menores cantidades de dinero. Brasil está segunda con un 9 a 2 y Argentina tercera con un 6 a 1. En la parte baja están Australia con un 100 a 1 y Turquía con un 150 a 1.

Seguimos curioseando y acabamos en la zona de las chicas Pussycat Dolls: aquí las crupieres que moderan los juegos son mujeres guapas, y con turgentes y vistosos pechos. Creo que es de lógica que, si uno se va a jugar los dólares, debe estar atento y pendiente, no solo del azar, sino también de nuestros movimientos y de los contrarios, más que nada en juegos como el blackjack. Por eso, está claro que arriesgar tu pasta frente a mujeres de esta índole, hace que los reflejos aminoren y que los sentidos solo atiendan a factores relacionados con la libido, descuidando las fichas o cartas que salen de tus manos y caen en la mesa. En resumen, que miras más al escote que al tapete.

Esta es una de las lecciones más importantes que aprendo hoy antes de acostarme, además de observar que en la ruleta nadie dice lo típico que vemos en las películas de *"¡hagan sus apuestas!"*. Lo que no falta es la famosa frase de *"¡no va más!"*, eso sí, en inglés, como mandan los cánones. ¿Qué cómo se dice?... ¡a mí no me preguntéis!.

CAPÍTULO 4 - DÍA IV: 17-8-09. Lunes.

El parque de tortura (perdón, quiero decir de atracciones) más alto del mundo / Solo queda polvo de estrellas del Stardust / El Hard Rock Hotel me hace sentir más joven / El vaquero del Pioneer Club, otro icono inevitable, como la calle Fremont / ¿Y la boda quién la paga? / Uniformado como un "Güorrier"

Hay muchos agujeros cavados en ese desierto y muchos problemas enterrados en ellos. Pero hay que hacer bien las cosas, hay que haber cavado el agujero antes de llegar allí con el paquete en el maletero, sino tienes que tirar de pala durante treinta o cuarenta y cinco minutos, y quien te asegura que en ese tiempo no aparece alguien, eso te obligaría a cavar unos cuantos agujeros más, vamos que te puedes pasar allí toda la puta noche.

Y el motivo de todo, era el dinero. Todo está pensado para que nos llevásemos su dinero. Esa es la verdad sobre Las Vegas. Somos los únicos que ganamos. Los jugadores no tienen ninguna oportunidad

Frases de la película *Casino* (1995)

A las 9:00 horas ya estoy con los ojos impacientes a pesar de haber quedado a las 11:30. Me levanto, recalculo las posibles rutas de hoy, repasando los dosieres (hay tanto por ver, y nos vamos a dejar tantas cosas sin disfrutar...), ordeno compras y actualizo el diario de bitácora. No todos los lunes de mi vida voy a poder hacer algo parecido a esto.

Hoy tengo el honor de empezar conduciendo el Mustang hacia el **Stratosphere**, escuchando la banda sonora de la película Grease. Sigo nervioso por el tema de las marchas automáticas, sobre todo por ciudad, ya

103

que antes de ayer, el desierto no planteaba muchas dificultades. Hay poquísimo tráfico un lunes por la mañana y es que aquí, está claro que la hora punta es a partir de las siete de la tarde, al menos en la zona del Strip.

El conocido pirulí, que tenemos por primer destino, es la torre de observación más elevada de los Estados Unidos, con sus 350 metros de altura. Su apertura fue en 1996, tiene 20 pisos y 2.444 habitaciones. Con la entrada van incluidos varios tickets de descuento para el Starbucks y cócteles más baratos en el Big Shot Bar y en el C-Bar Casino. Por la noche se representa el show American Superstars, en el que se imita a clásicos de la música como Jimi Hendrix, Elvis Presley o Michael Jackson. También hay cosas más excitantes y picantes como Bite, en el que aparecen vampiresas en topless cantando, bailando y haciendo acrobacias.

Tras pasar por la habitual zona de seguridad, nos hacen unas fotos que luego nos venden, con un montaje informático en el que insertan un fondo con la ciudad de Las Vegas en plena luminiscencia nocturna. Mi camiseta de la película Amanece Que No Es Poco se funde con el croma, haciendo desaparecer mi cuerpo en la profundidad de la noche. Evidentemente, caemos de nuevo en la tentación del merchandising interesante y personalizado, y nos llevamos un recuerdo cada pareja.

Para tirar las fotografías, hay un chico joven de color, muy, muy simpático, que no se limita solo a darnos indicaciones sobre la colocación y postura a adoptar, sino que también se interesa por nuestro país de procedencia y por el equipo de fútbol que seguimos. Él se posiciona a favor del Barça, frente a las quejas y sonrisas de Marta, reivindicando al Real Madrid.

Una vez dentro del Stratosphere, desayunamos, Susana se compra un termo souvenir para llevar el café al curro y subimos al observatorio circular de la torre. Desde arriba se puede admirar la ciudad y disfrutar, además, de los edificios más altos y conocidos, o de las urbanizaciones del extrarradio, con sus chalets, viviendas bajas, jardín y zonas espaciosas. El desierto nos rodea, demostrando la imagen idílica que tiene Las Vegas de oasis en medio de un infierno de calor y sequedad. El océano de arena vuelve a estar al alcance de la mano, dejando de nuevo pequeña a la megápolis, frente al espectáculo natural que nos envuelve.

Gracias a la excelente limpieza de las ventanas del mirador y a su amplitud, se aprecia con detalle la azotea de varias casas (piscina incluida), solares enormes, zonas de todo tipo sin edificar, aparcamientos gigantes con apenas coches (el desierto es lo que tiene, una de sus ventajas es el espacio), el poco tráfico existente, o las expresiones faciales de la gente que se aventura a montar en alguna de las acojonantes atracciones que se sitúan justo encima del observatorio.

Esos armatostes, que a estas horas de la mañana van vacíos o con muy pocos pasajeros, amenazan con estamparse contra el cristal. No sé qué asustará más, si subir de noche sin que puedas ver nada más que las pequeñas luces al fondo, o de día, percibiendo con todo detalle la distancia que te separa del suelo.

Los "artefactos destinados al sufrimiento" o "atracciones", como las llaman aquí, son las siguientes:

> - El ***Big Shot*** te sube en vertical a 329 metros (es la más alta del mundo) y alcanza los 72 km por hora, con una aceleración de 4G para dejarte caer, posteriormente, en caída libre durante unos segundos.
>
> - El ***Insanity The Ride*** es la segunda atracción más elevada del planeta. Está a 274 metros y hace que los usuarios queden colgando sobre el borde de la torre para luego girar en círculos. No puede usarse cuando el viento es fuerte.
>
> - El ***X-Scream***, llamado como el parque, te proyecta fuera del edificio. Tiene una altura de 264 metros, siendo la tercera "diversión de feria" más altiva del globo.

Estas instalaciones contaban antes con una montaña rusa llamada ***High Roller*** que cerró en 2005 y que, como ya habréis podido imaginar, queridos lectores, era la más alta "in the world". No era muy apreciada por sus visitantes, ya que tenía muchas averías y su restauración era cara, así que acabaron por desmantelarla.

Aunque no lo creáis, la gente paga para "pasarlo mal", unos 20 dólares. Habrá quien después de montarse en todo, cene con apetito en el restaurante giratorio que hay en la azotea, llamado Top of the World.

Si estas atracciones ya generan impresión y respeto vistas a nivel del suelo, imaginad los miedos que pueden provocar aquí arriba. Desde la seguridad que nos da la zona acristalada, vemos las caras de los valientes (o inconscientes) que están subidos en estos espeluznantes aparatos. No sé qué será peor, si la sensación de poder caerte, la presión en el pecho y estómago, o el pavor a que te vomite el que está detrás.

A pesar de darnos algo de vértigo, aprovechamos estas ventanas tan limpias en las que pone "do not lean on glass" (no se apoye en el cristal) y con curvatura en la parte baja, para hacer unas fotos simulando nuestra caída al vacío.

En el observatorio también nos hacemos unas instantáneas en un foto-matón y adquirimos como recuerdo unas monedas con efigies del Stratosphere (una mano con cartas de póker, la silueta del "pirulí", etc.). Aquí vuelvo a ver una de esas máquinas en las que introduces calderilla, seleccionas un dibujo y giras los mecanismos circulares para que se acuñe efectivo en el momento. Carlos y Marta ya las conocen de sus anteriores viajes a Nueva York y nos explican el funcionamiento. Me lío buscando los peniques exactos para que funcione. Giro la ruleta mecánica para que se marque la imagen elegida y vuelvo a girar otros engranajes hasta que suena el "clin" del dinero cayendo. Le llamo moneda por el aspecto, pero no por la forma, ya que es más una elipse que una pieza acuñada en redondo.

Oteando desde las cristaleras todos los detalles de los hoteles, busco el *Stardust* en la zona antigua de casinos donde se sitúan el Circus Circus, el Sahara o el Encore. No lo encuentro y eso que hasta leo los carteles informativos que hay en las paredes del observatorio, y que sitúan al espectador e informan de lugares pintorescos como el monte Charleston (destino habitual para hacer picnic o esquiar en invierno) o el Área 51[24].

---

[24] Famosa base de la Fuerza Aérea y de la CIA, conocida por el intenso secretismo que la rodea, relacionada con pruebas militares e investigación del fenómeno O.V.N.I.

STRATOSPHERE

WANTED

♣ ♥ ♠ ♦ $1,000,000 REWARD

5th Anniversary

Topless Vampires. Classic...

More Bite for Your Bu...

bite

get bitten

An adult experience.
18 and over.
Nightly at 10:30pm.
Dark Thursdays.

STRATOSPHERE

Tickets available at 702-380-7777
or by visiting Stratosphere's Ticket Center.

stratospherehotel.com

TRANS#03056836

00514964

TOWER ADMISSION

STRATOSPHERE
LAS VEGAS

ALL TICKET SALES ARE FINAL

02468   Aug 17, 2009 1:23:34   CSH 15.95

LIQUID COURAGE
Get twice the courage w/ 2for1
cocktails. Second cocktail must
be of equal or lesser value.
Please redeem at level 109.
BIG SHOT BAR
Must be 21 or older

Stratosphere Tower
STARBUCKS
Receive a Grande Caramel Frapp
or Grande Iced Mocha+Cookie
For $3.75 valid at both
Stratosphere Locations

2 for 1 cocktails.
Buy 1 cocktail & get a second
1 of equal or lesser value
for free. Main Casino.
Must be 21 or older.
C-BAR

La incertidumbre por no localizar uno de los iconos clásicos de Las Vegas, que siempre resalta en tantas series y películas de televisión (al lado de la calavera pirata del Treasure Island o de la esfinge del Luxor), hizo que nada más volver a casa, ya en España, buscara información en internet. Así me enteré de la historia del que fuera el casino más grande de Nevada, cuando abrió al público el 2 de julio de 1958. Su nombre, traducido como polvo de estrellas, se refiere a la cola de polvo que deja un cometa o meteorito, y la temática del resort se basaba en el espacio exterior y en las películas de ciencia ficción de los años 50. Luces de neón y una réplica del sistema solar en su interior, ayudaban a poner en situación al visitante. Llegó a tener más de 2.000 habitaciones, aunque empezó con 1.065, que se fueron ampliando en las tres remodelaciones importantes que tuvo el hotel en 1964, 1977 y 1991.

El Stardust fue casi desde sus inicios uno de los casinos más visitados de todo el estado, llegando a tener como ilustres inquilinos a Al Capone y siendo escenario de películas como Miedo y Asco en Las Vegas, Mars Attack o Showgirls. Cerró sus puertas a las 12:00 de la noche del 1 de noviembre del 2006. Se derrumbó con explosivos el 13 de marzo del 2007, a las 2:33, con juegos pirotécnicos ante una muchedumbre de turistas y ciudadanos. En 2007 comenzó la construcción del que será el hotel que reemplazará al Stardust, el Echelon Place[25].

Con el poco tiempo que contamos, lo más seguro es que no hubiéramos podido visitar este clásico de la localidad, pero me da bastante pena saber que, con o sin minutos de por medio, ya nunca lo veremos.

Salimos del Stratosphere y nos movemos por los alrededores. Muy cerca de aquí, un poco más al norte, se encuentra la famosa casa de empeños de la serie televisiva Pawn Stars (La Casa de Empeños o El Precio de la Historia)[26], cuyo primer capítulo se acaba de estrenar solo unos días antes, en julio de 2009.

---

[25] Actualmente, el proyecto está cancelado. Se planea desarrollar otro complejo llamado Resorts World Las Vegas.
[26] Yo no conocería la serie hasta muchos años después, así que en ese momento no tenía ni idea de la localización del lugar.

Pasamos al lado del Riviera (con un gran cartel anunciando el espectáculo Crazy Girls: Topless) y del Hilton. Por dentro no sé cómo será, pero por fuera no llama nada la atención. Eso sí, me es inevitable pensar en la competición de pulsos de Stallone en la película Yo, El Halcón.

El *Hilton*[27] tiene 3.174 dormitorios y 9.000 m² de casino. Cuenta con el salón deportivo más grande de la ciudad y está al lado del Centro de Convenciones de Las Vegas, aunque este complejo tiene su propio centro de convenciones. Durante años albergó la celebración Star Trek: The Experience, que reunía a los seguidores de la famosa serie. Actualmente, se representa el show Sin City Bad Girls, con bailarinas picantes desnudas de cintura para arriba[28].

Es uno de los pocos hoteles que no sufre de triscaidecafobia. Esta horrible palabra es la que describe el miedo al número 13. Muchos edificios pasan de la planta 12 a la 14, saltándose este número por superstición, algo que ya he comentado anteriormente al hablar del Encore. En el caso del Hilton, se sigue la numeración correlativa normal, existiendo el piso 13.

Nuestro avance con el coche es lento, mientras disfrutamos de carteles publicitarios como "Luxor: Menopause. The Musical" o "Las Palmas. Embassy Suites: Close to work, close to play... close to perfect!"[29]. Mola un letrero de Wells Fargo con una diligencia al más puro estilo del western americano[30].

También es obligatorio hacer fotos a un porta-periódicos de esos que salen en las películas, en los que echas una moneda y sacas la prensa del día. Pero en vez de informativos habituales, hay un rótulo que pone "Little Darling: Totally nude" y... ¡está lleno de revistas pornográficas!. Es posible que esto solo pueda verse en la ciudad del pecado.

---

[27] A partir de 2012 se conoce como LVH.
[28] No vimos ningún espectáculo de este tipo, pero el norte del Strip, Industrial Road o el oeste de la ciudad está lleno de clubes nocturnos para hombres y mujeres, algunos en zonas incluso peligrosas.
[29] Cerca para trabajar, cerca para disfrutar, cerca de la perfección.
[30] Creo que la empresa ya no tiene nada que ver con el transporte en el salvaje oeste y hoy es una entidad bancaria.

112

Observamos en marcha el monorraíl, también conocido como airtrain y pasamos al lado del Encore, que está conectado con el Wynn. Ambos son muy recientes, de 2008 y 2005, respectivamente. Lo que en principio iba a ser una expansión del Wynn, acabó convirtiéndose en un resort nuevo.

Descubrimos que hay algunas obras llenas de grúas, edificando, lo que parecen ser, nuevos casinos[31]. No sé cómo habrá afectado la crisis económica a esta gran urbe y si estos negocios son siempre rentables a pesar de la mastodóntica inversión que deben necesitar. Cuando parece que uno da pérdidas, en vez de vender el "chiringuito" y aprovechar la localización y el complejo, se demuele para empezar todo de cero. No me extraña que entre los dueños se halle gente pudiente como el magnate Donald Trump.

Llega la hora de comer y no nos complicamos la vida, ya que pisamos un McDonnals. Estaba claro que tarde o temprano acabaríamos haciéndolo. Eso sí, probamos menús que no existen en España, al menos que yo sepa, como el de carne de Angus. El nombre no tiene nada que ver con el guitarra solista de AC/DC, sino con una raza bovina autóctona de Escocia. La ternura y jugosidad de la carne me confirma que he hecho una buena elección.

Tras saciarnos, vemos algunas tiendas en las que hay muchas cazadoras e intento buscar la chupa de mis sueños (no muy heavy, discreta pero macarra, sin horteradas que destaquen, aunque rockera en su esencia), pero son demasiado exageradas, llamativas y esperpénticas. Sí que me gusta la típica equipación de jugadores deportivos de los institutos y universidades americanas, con la letra o letras de su centro de enseñanza en grande, resaltando en el pecho.

Después nos desplazamos hasta el casino *Hard Rock Café*, que no está en las zonas más accesibles, por lo que hay que ir a verlo a propósito y en algún medio de transporte. Fue construido en 1995, tiene 6.487 habitaciones, 64 suites y un ático[32]. Aunque, si hablamos de pelis, muchos lo

---

[31] En los años posteriores, se inauguraron nuevas moles babilónicas, entre ellas, el Cosmopolitan que abrió al año siguiente, en 2010, el Aria y Mandarín Oriental (Waldorf Astoria) a finales de 2009 o el LINQ en 2014.
[32] En 2010 empezó la renovación del hotel para expandirlo, añadiendo dos nuevas torres con unas mil habitaciones más.

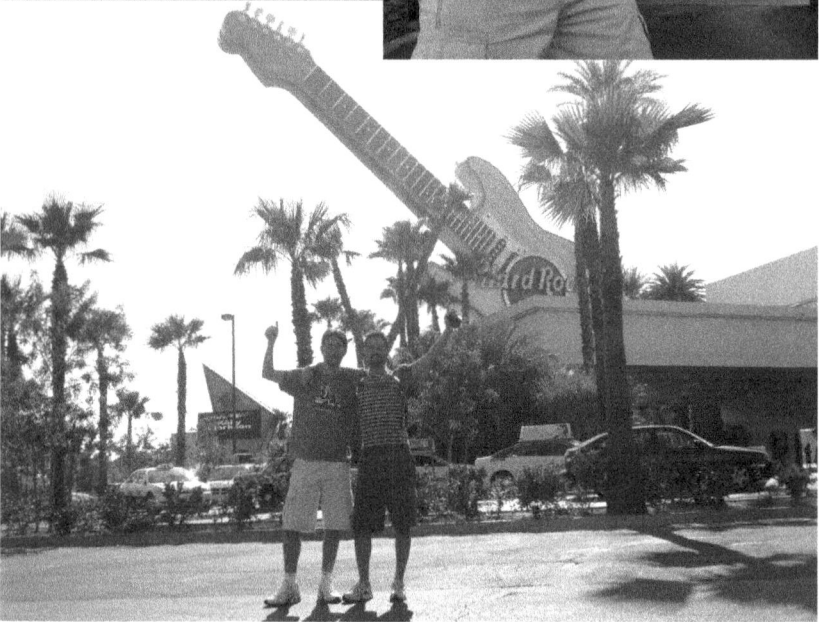

114

recuerdan por el impacto del avión de Con Air contra una de las guitarras, a mí lo primero que me viene a la cabeza es la película Cariño, He Aumentado al Niño, ya que una gigantesca guitarra, marca Fender, para zurdos, preside la entrada al recinto. En el filme, el niño, convertido en titán, arranca el instrumento y se lo lleva para aprender a tocar. Hay una segunda "hacha", modelo Gibson, que está más apartada, en la cual me hago unas fotos, simulando que acaricio su mástil y sus cuerdas, sin olvidar que quiero llevarme para Toledo una muy parecida.

En el interior, como no podía ser de otra forma, abundan los motivos musicales y especialmente rockeros: los pomos de las puertas son guitarras, hay reliquias de artistas, trajes célebres expuestos en vitrinas, mucha gente y estética joven, y es que está claro que este es el público al que va dirigido el resort. Molan los escaparates personalizados de Slash de Guns'N'Roses, el de Dave Navarro de Red Hot Chili Peppers, el de James Brown, corona incluida, o el de Steven Tyler de Aerosmith, con su ropa y pañuelos llamativos. Un plasma individual muestra videos de los protagonistas actuando. Destaca también la cristalera de Michael Jackson, fallecido recientemente[33] y en la que resaltan un buen puñado de rosas rojas.

Hay máquinas tragaperras cuyo premio es una Harley Davidson, lámparas hechas con saxos, instrumentos de famosos colgados de las paredes y recreativas de la Familia Monster. Un cartel juega con la frase típica de los billetes de dólar "In God We Trust", haciendo un juego de palabras, de tal manera que se puede leer "In Rock We Trust"[34], igual que en aquel exitoso disco de Yesterday & Today.

El hotel tiene un club para actuaciones en vivo llamado The Joint, donde han tocado los Rolling Stones, Guns'N'Roses, Motley Crue, Red Hot Chili Peppers, etc., muchos de ellos grabando dvd en vivo. Algunos conciertos se celebran en la piscina, que cuenta con una playa artificial.

En la zona de tiendas, aprovecho para comprar púas para mis amigos músicos de mi pueblo de Burgos, José Ángel y Ricardo, y también para mí, además de alguna camiseta chula.

---

[33] Murió un mes antes, el 25 de junio de 2009.
[34] "En el Rock, creemos", en vez de "en Díos creemos"

A pesar de que este resort es más pequeño que otros que ya hemos visto, para mi gusto es más acogedor y cautivante, además de que la temática es totalmente de mi agrado.

Toca ahora moverse hacia el *M.G.M.*, que se inauguró el 2 de enero de 1994. El edificio principal, de 89 metros de alto, tiene 30 pisos, cinco piscinas, ríos artificiales y cascadas. Posee el casino más grande del condado de Clark, ocupando 16.000 m². Entre todas sus estructuras y torres, cuenta con 5.044 habitaciones, 576 suites, 51 lofts y 29 villas. Está localizado en la intersección Tropicana – Las Vegas Boulevard, donde los peatones no pueden cruzar la calle. Por ello, está conectado con pasos elevados a sus vecinos Tropicana y New York, New York.

Como curiosidad, decir también que, tras 22 años sin cantar en directo, Barbra Streisand actuó el día de la apertura. Por 2 conciertos cobró 20 millones de dólares (unos 2.800 millones de las antiguas pesetas). Los precios en la reventa rodaban los 3.000 dólares (400.000 pesetas).

Como el nombre indica, Metro Goldwyn Mayer, es un resort muy cinematográfico, con un recibidor ocupado por fieras doradas y con ascensores como camerinos de estrellas de cine. No nos movemos mucho por dentro, a Marta le encanta y a mí no me parece que merezca demasiado la pena. Además, el zoo-espectáculo con leones, que debe ser lo que más visitantes atrae, está cerrado.

En unas semanas, tocarán aquí Cheap Trick, Poison y Def Leppard (como cabezas de cartel), en el MGM Grand Garden Arena. En este recinto se realizan también los mejores combates de boxeo del país.

El espacio reservado para compras está muy chulo, ya que simula una travesía de Las Vegas por la noche, como en miniatura. Las tiendas tienen neones vistosos y se recorren con facilidad. Hay un local de Harley Davidson con camisetas bastante atractivas. Así que me vuelvo a dar otro capricho.

Y llega lo mejor del día, creo que para todos, sin duda, que es *Fremont Street*. En Sin City hay casinos por todos los rincones, pero los principales se agrupan en dos zonas diferenciadas, el Downtown y el Strip. Hasta hoy nos hemos movido por el Strip y toca ahora la parte antigua, donde está la

segunda vía más famosa y mítica de la ciudad. El nombre viene del explorador John Charles Frémont y data de 1905, cuando se fundó esta gran urbe.

Llegamos motorizados hasta una señal con un jinete montado en su caballo rampante, al lado del **Hennessey's Tavern**, cuyo edificio simula una pinta de cerveza Bass. La parte de arriba brilla por la noche, generando un efecto espuma muy realista.

Fremont es la calle que más me recuerda al viejo oeste americano, sobre todo cuando entramos en un enorme comercio lleno de motivos relacionados, tanto con los indios como con los vaqueros: sombreros, hachas, calaveras de cráneos de animales del desierto, lanzas, plumajes, pelambreras de guerra de tribus salvajes, etc. Carlos busca la cabeza idónea para la buhardilla de su casa. Dan ganas de llevarse un montón de cosas, pero como mañana visitamos el Gran Cañón del Colorado, todos pensamos lo mismo:

-Si hay esta variedad y calidad de cosas relacionadas con el oeste en una calle de Las Vegas, ¡qué no habrá en el centro neurálgico, en el mismo Cañón!.

Al día siguiente comprobaríamos que estábamos equivocados.

En Fremont Street están los históricos y más antiguos casinos de la ciudad del juego. Algunos de los que vemos son los que paso a describir, ¡solo por fuera, claro! (hacen falta varias vidas para pisar todo esto):

- **Golden Nugget**. Es el más grande de esta zona con 1.914 habitaciones, y presume de suites y lujo en general. También tiene una mesa de juego con una apuesta máxima de 15.000 dólares, ideal para magnates o gilipollas envalentonados frente a un "*¡no hay huevos!*". Desde 1981 puede verse en su interior la pepita de oro más grande del mundo, encontrada en Australia y con un peso de 27 kilos. Ha conseguido premios reconocidos en la ciudad y todo un récord en Nevada, los Cuatro Diamantes[35] obtenidos de manera consecutiva desde 1977. Nos son joyas, sino algo parecido a las estrellas Michelin que otorgamos en España a los mejores restaurantes.

- *Binion's Gambling Hall & Hotel*: Fundado en 1951, tuvo otros nombres como Apache Hotel, Binion's Horseshoe o Eldorado Club. Fue el primero en ofrecer "incentivos" como bebida gratis a los jugadores que apostaban y también el primero en poner límites altos de mesa. Actualmente, creo que ese tope está en 10.000$ en las mesas de dados. Tiene 366 aposentos y aquí la gente viene a jugar, no a ver espectáculos. De hecho, fue la sede de las Series Mundiales de Póker (WSOP), torneo de cartas más famoso del mundo hasta 2005. Su propietario, Benny Binion, fue un famoso mafioso, condenado por evadir impuestos y aficionado al póker. Entre sus curiosidades, tiene una pirámide con un millón de dólares en efectivo, donde te puedes hacer una foto como recuerdo[36].

- *Golden Gate:* Es el más antiguo, de 1906, con la decoración de la época y el más pequeño de Fremont, con tan solo 106 dormitorios. Se llamó Hotel Miller, Hotel Nevada, Sal Sagev (prueba a deletrear al revés Las Vegas) y, a partir de 1955, se quedó con el nombre actual. Es muy popular por sus camarones, que puedes probar por menos de un dólar.

- **Fitzgeralds**[37] (antiguo Sundance Hotel en 1979): Llama la atención en esta zona con sus 34 pisos y 638 habitaciones, spa, piscina, 940 máquinas, 29 mesas de juego y con una recreativa con un cartel "Play & Win" en la que puedes ganar un coche clásico Chevy Camaro. Es conceptual, basado en Irlanda y la suerte, cuyos

---

[35] La calificación va de Uno a Cinco Diamantes, y es una manera de valorar a restaurantes y hoteles por la Asociación Automovilística Americana (distintivo AAA). El interesado en conseguir este reconocimiento debe cumplir varios requisitos, entre ellos, higiene y limpieza impecable, protección del medio ambiente, llamar al cliente por su nombre o no dejar que el timbre de llamada suene más de tres veces.

[36] En ese momento no lo sabíamos, pero el hotel se acababa de vender por 32 millones de dólares y cerró en diciembre de 2009.

[37] En 2012 cambió de nombre, llamándose The D Las Vegas.

símbolos son el trébol verde de tres hojas, llamado shamrocks, y el duende leprechaun.

- **Glitter Gulch**[38]**:** Club de striptease cuyo neón celebérrimo es una vaquera balanceando las piernas llamada Vegas Vickie.

- **Pioneer Club:** Inaugurado en 1942, cerró como casino en 1995 y ahora es una tienda de recuerdos. En la fachada podemos observar a 12 metros el famosísimo Vegas Vic, el neón con el vaquero que mueve el pulgar hacia sí mismo y el cigarrillo, en la comisura de los labios, desde 1951. Ha sido restaurado y cambiado mucho con los años. En 1994 se le cortó parte del sombrero para poder instalar por encima la Fremont Street Experience. Tarda en moverse según anochece. Primero se ilumina con la caída del sol y, cuando casi ha oscurecido por completo, empieza a desplazar su mano arriba y abajo. Otra curiosidad bizarra es que en 1994 se celebró una ceremonia de matrimonio entre Vegas Vic y Vegas Vickie... Pues sí, esto es Nevada, chico.

- **Fremont:** Abrió en 1956 y actualmente tiene 447 dormitorios. Es curioso que en el momento de su apertura fuera el edificio más alto de Nevada.

- **Four Queens:** Comenzó su andadura en 1966 con el nombre de Cuatro Reinas, como dedicatoria del constructor a sus hijas. Fue el primer casino en ofrecer el Blackjack Switch, una variante del conocido juego.

Esta calle contó con teléfono en 1907 (en el Hotel Nevada), fue la primera vía pavimentada en 1925, y tuvo el primer semáforo y ascensor en 1932, en el Hotel Apalache. Es la única zona de Las Vegas en la que las tragaperras siguen soltando las monedas como antiguamente, ya que en el resto se ha prohibido por temas de contaminación acústica, sustituyendo el ruido y las fichas, por expendedores de tickets. También es el único sitio en el que los carteles están rellenos a base de bombillas y neones, sin ceder al avance de

---

[38] Cerró en 2016 tras ser comprado por los dueños del The D Las Vegas, quienes planean su demolición y construcción de otro negocio.

los leds y tecnología similar, dando una pincelada de antigüedad que nos traslada en el tiempo.

En 1994, la calle fue cerrada al tráfico para construir una gigantesca pantalla curva (llamada **Fremont Street Experience**) que hace de techo y tapa todo el cielo. Tiene forma de bóveda de cañón y en ella se proyectan todo tipo de estampas. Esta noche, anuncian "A tribute to Queen" como espectáculo de imagen y sonido. Otros tributos famosos que se emiten están dedicados a Kiss y Bon Jovi. Supongo que celebrar las campanadas de año nuevo en semejante enclave debe ser muy emocionante (a pesar de que los fuegos artificiales mostrados son digitales) pero, sinceramente, creo que este improvisado firmamento es un engendro futurista que afea y priva de gran parte del encanto a este lugar. El contraste de los neones con la oscura noche, debía ser una de las gracias de este espacio. Sin embargo, el estar ahora rodeado de luces, por arriba, por los lados, casi hasta por el suelo, hace que pasemos de estar en una bella "puesta de sol", en un oasis en la negrura, a ser engullidos por el estómago de una luciérnaga (por explicarlo de un modo literario).

Suena de fondo *Get Ready* de Rare Earth, que me recuerda a los maravillosos ratos pasados a finales de los 90 en el bar La Kalle. El tema original dura veinte minutazos, pero espera hasta el minuto 2:20 y es muy probable que lo conozcas.

Veo un cartel muy guapo conmemorativo del 40 aniversario del emblemático concierto de Woodstock de 1969, en el que actuaron mitos como Jimi Hendrix, Janis Joplin, The Who o Santana. La pancarta simula al público hippy y nos permite colocarnos en el interior, creando la sensación de estar asistiendo al evento y poder hacer una foto como demostración.

Y ya que hablo de fotos, cada pocos pasos nos topamos con chicas vestidas de cabareteras o de trabajadoras de un Saloon del viejo oeste, con las que también se puede inmortalizar el momento. Eso sí, a costa de darles una propina. También hay música en directo, gente pintando con sprays en zonas habilitadas para ello o preciosos deportivos como premio, encima de máquinas tragaperras.

Otro recuerdo que me viene a la mente es el video musical *I Still Haven't Found What I'm Looking For* de U2, en el que los músicos recorren andando toda la calle.

No nos da tiempo a visitar el famoso **Museo del Neón**, conocido también como el cementerio de los neones: expone 150 letreros de casinos extintos y de locales populares desaparecidos, como moteles o restaurantes. La mayoría estaban apilados en almacenes olvidados, pero gracias a este museo abierto en 1996, se han restaurado y perpetuado. Aquí están carteles antiguos del Sahara, Caesars Palace o de los históricos Hacienda, el zapato de tacón del Silver Slipper, rótulos del Horseshoe y, cómo no, del Stardust. Puede accederse de día o de noche. Con los rótulos encendidos, la entrada nocturna es más cara. Está claro que, estas pequeñas obras de arte, siempre han sido el principal reclamo para atraer a los jugadores y que se dejen el dinero.

Imbuidos como estamos por los colores, las lucecitas, los neones y demás duerme-neuronas[39], nos damos cuenta de que llevamos dos días en Las Vegas y que aún no hemos hecho los preparativos para una de las cosas más habituales en esta ciudad… ¡casarse!. Es cierto que en cualquier sitio hay un recinto adecuado para bodas, ya sea en una capilla de un hotel, en un parque, o en casi todos los bares, como en el Harley Davidson Café (del que hablaré en unas líneas), pero no se puede celebrar la ceremonia en 5 minutos, ya que hay que realizar una reserva y tener la documentación necesaria en regla. Los papeles hay que solicitarlos muy cerca de aquí, en la oficina **Clark County Marriage Bureau**, pero como lo hemos ido dejando para el final, nos percatamos de que no te dan las licencias en el momento, y encima mañana vamos a Colorado y pasado a Nueva York (¡qué estrés!), así que tenemos que aceptar que hay que dejar la boda para otra ocasión, si es que alguna vez hay otra ocasión.

Un casamiento puede costar entre 60 y 80 dólares. Si se quiere fotógrafo, 2 testigos, 2 invitados y un ramo de flores, el precio oscila entre 300 y 600 pavos. Y luego ya, lo que te quieras gastar, ya que puedes contratar limusina, helicóptero, reservar un jardín o piscina, casarte con vestuario y atrezzo del

---

[39] Según una remodelación de la calle Fremont en 2004, hay unos doce millones y medio de led.

oeste americano, a lo Elvis, en el Gran Cañón, bajo el cartel de "Welcome to Fabulous Las Vegas", etc[40].

Al final del viaje, serían demasiadas las cosas descartadas, pero es que hubiéramos necesitado 1000 días más para hacer solo lo más importante. Si pensamos también en la cantidad de conciertos que hubo esos días en la ciudad y que nos perdimos, da la sensación de no haber aprovechado el tiempo, algo totalmente falso porque no paramos un minuto. Entre el 14 y el 19 de agosto que pasamos en Sin City, actuaron The Platters, Tom Jones, Los Lobos, Buddy Guy, Cher, Christopher Cross o América, entre otros muchos artistas míticos de todos los estilos. Tampoco pudimos ver el Museo de Historia Natural (centrado en los dinosaurios y en la diversidad del desierto de Mojave), el Museo de Cera Madame Tussauds ubicado en el Venetian (aunque entraríamos en el de Nueva York[41]), la pinacoteca con los pinballs más clásicos de toda la historia, el jardín botánico de cactus, el Elvis Museum, el de los Records Guinness, la colección Imperial Palace Auto (con coches famosos entre los cuales está la limusina de Kennedy o el Mercedes de Hitler), el Great Balloon Experience (el globo de helio más grande del mundo, en el que pueden montar hasta 20 personas a la vez) y tantas y tantas maravillas interesantes…

Pero volviendo a Fremont, ya sea porque todo recuerda a las series y películas de la tele, porque se concentran muchos estímulos en una sola calle (al contrario que en el Strip, que la vista y los sentidos no dan abasto), porque puedes ver muchas cosas en poco tiempo o, simplemente, porque hay lugares con una magia y un encanto especial, no nos queremos ir de aquí. Frente a la enormidad insondable de los mega-casinos del Strip, Fremont es un rincón íntimo, confortable, acogedor, abarcable, con historia, al menos su historia (aunque la ciudad tenga solo poco más de un siglo de vida), que aún huele a trampero, a cazador, a colono, a vaquero o a

---

[40] Reconozco que en ese momento me dio igual, pero ahora, con el paso de los años, cuando lo pienso, me da rabia no haber hecho un poco el payaso y haber contraído un matrimonio divertido en la ciudad del pecado. Total, solo es válido para el estado de Nevada y no pone en peligro el casarse de nuevo en España. Además, habría sido con Susana, la mujer de mi vida. Para validar el enlace en nuestro país, hay que presentar copia certificada del acta matrimonial y una apostilla del secretario del estado de Nevada.
[41] Lo cuento en la página 215.

explorador del salvaje oeste. Se sienten el riesgo y el bienestar, la suerte y el infortunio, la mafia y la ley, el éxito y la bancarrota. Sus luces son más hipnóticas por lo cercano, su música más unidireccional y su magia más envolvente. Es como un circo para mayores o, como dijo Carlos en varias ocasiones, un parque de atracciones para adultos. ¡Qué pena no haber pasado aquí todo el día!.

No podemos demorarnos más, ya que tenemos que devolver el Mustang y vamos con los minutos justos. Al final, a pesar de las prisas, llegamos tarde y Dream Car Rentals ya ha cerrado. Nos ponemos un poco nerviosos ya que hemos incumplido varias partes del acuerdo de alquiler del coche y no sabemos la repercusión económica que tiene.

Dejamos el vehículo en el mismo acceso de la tienda, justo en el momento en que Las Vegas Boulebard es un hervidero rebosante de gente. Mareas humanas se mueven de un lado a otro, esquivando, acariciando y puede que hasta rozando nuestro precioso caballo mecánico. Ni siquiera nos hemos acordado de dejar el carro con el depósito lleno. Carlos echa las llaves en el buzón del establecimiento y durante gran parte de la noche está con más dudas y miedos que nosotros, a pesar de que acordamos que cualquier sanción repercutiría por igual en nuestros bolsillos. Aun así, tarda en relajarse. Creo que no llegó a estar tranquilo del todo hasta que volvimos al comercio el miércoles, antes de volar a Nueva York. Pero no nos adelantemos...[42]

Cenamos en el *Harley Davidson Café*, ya que nos pilla al lado de Dream Car Rentals. Un enorme cartel con una moto de dimensiones gigantescas, saliendo de la fachada (más bien, reventándola), nos da la bienvenida. Otro rótulo indica "barbacoa" pero a lo yanqui, acortando letras hasta quedar en un escueto "Bar-B-Q" (pronúnciese "Bar-Ba-Quiú").

Yo tomo un especial de cerdo de Carolina con una cerveza Samuel Adams. Sobra decir que el local es inmenso, no solo la zona de comidas, también dispone de una planta superior con capilla para bodas (Chopper Chapel), mesas apartadas para beber (con un ave metálica en el techo), moto en la que puedes hacerte fotos a lo Easy Rider, una bandera de USA

---

[42] Página 159.

bastante grande, que pesa 7 toneladas[43], fotos del Luxor, el Treasure, etc, y cómo no, una tienda con merchandising en la que no puedo resistirme a comprar una cazadora vaquera, con un enorme águila de Harley adosada a la espalda. Aunque la rapaz difiere bastante, nunca me sentí tan cerca de pertenecer a la banda protagonista de la película The Warriors (en realidad, su símbolo es una calavera con alas), o ser como decía el malo maloso, Luther (David Patrick Kelly) "un maldito Güorrier"[44].

Al retornar al hotel, cansados, con unas cuantas bolsas de compras y sin nuestro precioso Mustang que haga el trabajo sucio de cargar con nosotros, nos inyectamos una dosis de adrenalina al pasar por el Bellagio. Coincide llegar a su altura con otra representación del espectáculo de las fuentes, esta vez con el *Viva Las Vegas*[45] de Elvis Presley como banda sonora y con una puesta en escena que me gustó mucho más que la anterior, eso sí, de igual duración. Podemos apreciar la algarabía de agua desde primera fila y justo en frente del casino.

Nos dejamos caer en las habitaciones sobre las 12:00 de la noche. Toca madrugón al día siguiente.

---

[43] En realidad es una cortina compuesta por cadenas con los eslabones de colores. Está en un escenario, así que supongo que se eleva y da paso al artista de turno.
[44] En el doblaje español de España, realizado por Gabriel Pingarrón.
[45] Estaba claro que esta canción tenía que proyectarse, sí o sí.

CAPÍTULO 5 - DÍA V: 18-8-09. Martes.

La presa que reconstruyó Superman / Los frondosos bosques de árboles Joshua / Arena roja en mis pulmones / El águila decapitada / Susana como técnico de prevención (Modo On): ¡No os acerquéis al borde! / El Skywalk, o cómo andar sobre las nubes / ¡Qué frío pasé en Colorado!... y no es coña / La próxima vez ¿pillamos habitación en el Luxor?

Algunos lo llaman juego de azar, pero eso no le hace justicia. Todo lo que hacemos como dar por la parte inferior de la baraja, marcar, manipular, tocar las cartas, forma parte del oficio. Lo que diferencia a un hombre de un niño, es la capacidad para entender el poder de la ilusión, el poder de la magia y la psicología del tiempo.

Frase de la película *Shade, Juego de Asesinos* (2003)

Si quieres que te diga la verdad... no sé si mi mujer me dejó porque bebía, o bebo porque mi mujer me dejó

Frase de la película *Leaving Las Vegas* (1995)

A las 5 de la mañana ya estamos en pie. La jornada va a ser dura, pero ojalá fueran así los días laborales. Estreno la hebilla con la calavera de vaca y plumas indias que compré en Boot Barn, para así fusionarme todavía más con el entorno.

A las 5:50 amanece y ya está esperándonos el autobús de la empresa que organiza el viaje hacia una de las maravillas naturales más alucinantes del planeta. Tras recoger pasajeros por varios hoteles, nos deja en un centro en

131

VIÅTOR
Tours, sightseeing tours, activities & things to do | Viator.com

Your order summary
Your Itinerary Reference Number: 12458221

Grand Canyon and Hoover Dam Day Trip from Las Vegas   EUR €395.09
with Optional Skywalk   Paid & Confirmed

Travel Date: Tuesday August 18, 2009
Number of Adults: 4
Departs from: Las Vegas, Nevada
Product Booking Reference: VIATOR21079674

Total price paid: EUR €395.09

Your payment details
Order Date:	Friday June 5, 2009
Customer Contact:	
Email Address:	
Payment Status:	Confirmed
Credit Card Number:	Visa-XXXX-XXXX-XXXX
Card Holder Name:	LUIS MIGUEL ESTEBAN CASADO
Payment Statement:	This booking will be listed as Viator on the credit card statement.
Terms and Conditions:	Read our complete cancellation policy in our Terms & Conditions, or browse our Frequently Asked Questions.

THE AIRBRIDGE ADVANTAGE

GRAND CANYON & HOOVER DAM
with AIRBRIDGE
FOR THE HIGHEST QUALITY
TOURING EXCURSIONS

GRAND CANYON COACHES
TRANSPORTATION SPECIALISTS

WEST RIM OPTIONS

A message to our PATRONS

All tours travel in our Deluxe Fleet of DOT-certified Motor-coaches equipped with air conditioning, restrooms and video monitors for your comfort and convenience.

Free Show Tickets with all tours.

SATISFACTION GUARANTEED!

	RETAIL PRICE
*HELICOPTER & BOAT	$170.00
*SKYWALK	$ 33.00
*HORSEBACK RIDING	$ 59.00
EXTENDED HORSEBACK	$ 79.00
*HUMMER & OFF ROAD ADV.	$ 59.00
EXTENDED HUMMER	$ 89.00

THE HELICOPTER & BOAT TOUR MUST BE PRE-BOOKED SO PLEASE
ASK YOUR CHECK-IN AGENT FOR DETAILS. ALL OTHER OPTIONS MAY
BE ARANGED BY YOUR BUS DRIVER/TOUR GUIDE PRIOR TO ARRIVAL
AT THE GRAND CANYON.

AIRBRIDGE
7440 DEAN MARTIN, SUITE 200 - LAS VEGAS, NEVADA 89139
PHONE: (702) 739-1798 - FAX: (702) 736-3488
TOLL FREE: (877) 333-6566
E-MAIL: AIRBRIDGE2000@AOL.COM
WEB: WWW.AIRBRIDGETOURS.COM

el que nos reparten según la ruta contratada. Aquí conocemos a unos españoles de Cantabria que acaban de visitar Canadá. Nos hablan del impresionante medio ambiente observado y de los maravillosos parques ecológicos que hay en un país que siempre me atrajo.

Nos dan de desayunar y facilitan unas pegatinas que nos identifican como miembros de la excursión, y que hay que llevar visibles en la camiseta, lo que propicia que en todas las fotos salgamos "marcados" como ganado.

Montamos después en un bus de dos pisos que nos llevará hasta el Gran Cañón del Colorado. El viaje lo ameniza un conductor cuyo aspecto me recuerda al actor Scatman Crothers (famoso por su papel en El Resplandor) y su forma de hablar y expresarse, a Eddie Murphy en Super Detective en Hollywood. No para de darle a la "sin hueso", con un ímpetu y unas ganas que parece que está presentando los números de un circo.

Al poco de arrancar, nos pide que vayamos nombrando los lugares de los que procedemos, mientras él dice lo que conoce de ellos: tópicos de siempre, en la mayoría de los casos mencionados, pero los pasajeros se ríen a mandíbula desencajada.

A nuestra izquierda se sientan dos mujeres de entre 40 y 45 años. Una de ellas viste una cazadora vaquera llena de parches. De lejos, puede parecer una chupa heavy al más puro estilo ochentero, abarrotada de logos de grupos, pero las apariencias engañan. Los mencionados remiendos representan símbolos religiosos, con cruces, Jesucristos e iconografía característica de la iglesia católica, aunque también puede que sean de bandas musicales del estilo. Desconozco la jerga y cultura norteamericana, pero cuando las mujeres gritaron que venían del estado de Massachusets, el conductor se cebó con ellas y estuvo haciendo chistes durante gran parte del trayecto.

Según nos alejamos más y más de Las Vegas, el páramo de Arizona se hace cada vez más insondable. Hace unos cuantos años, cuando mi prima Azucena volvió tras ver el Gran Cañón y me dijo que el desierto era precioso, propicio para hacer mil fotos, no la creí. Cuanto te hablan de un ecosistema desolado, uno siempre tiene en mente arena, dunas, calor, más arena, alguna palmera solitaria y mucha más arena. Pero el paisaje que se

topa ante mí es mucho más que interesante, es raro, bello, apasionante y distinto.

Vamos avanzando y los pequeños pueblos que salpican la zona, son clavados a la película Temblores, con sus casas individuales, con pinta de prefabricadas, a nivel del suelo, con porche de madera y doble puerta de entrada. Algunas tienen las calaveras de vaca en el hall, como decoración.

Los cactus son impresionantes, llenos de ramificaciones que se alargan sin lógica ni dirección aparente, y tan altos como árboles. Hay zonas en las que vemos miles de ellos, formando auténticos bosques.

Nuestro simpático timonel se aproxima peligrosamente al borde de algunos desfiladeros y Susana me dice:

- Ojalá se estuviera un poco calladito y concentrado.

Al acercarnos a la *presa Hoover* nos detienen en un control de carreteras y pienso que van a subir al vehículo para inspeccionarlo todo. Pero nada de eso, simplemente hay unos policías que hablan amistosamente con el conductor, incluso este se permite hacer bromas y decir que lo que más le preocupa es que lleva a dos turistas de Massachusets, lo que despierta las carcajadas del pasaje. Lástima no tener ni idea del idioma, ni poder conocer lo que se comenta en cada momento.

Ya en el dique, a unos 48 kilómetros de la ciudad del pecado, paramos al final de la carretera, tras bordear toda la parte superior de la infraestructura. A pesar de estar viendo solo el interior, donde se deposita el agua junto a las torres de captación y el puente Mike O'Callaghan casi terminado[46], esto es un espectáculo impresionante.

Nos dejan muy pocos minutos para disfrutar del lugar y, por si no nos ha impactado lo suficiente la edificación, en el autobús ponen un video sobre los detalles de la construcción entre 1931 y 1936, que me va traduciendo Carlos. La obra era necesaria para evitar que el río Colorado se desbordara,

---

[46] Se inauguró en 2010.

al derretirse la nieve de las Montañas Rocosas, e inundara las tierras de cultivo. Nunca antes se había levantado una estructura así y muchas de las técnicas utilizas no se habían probado con anterioridad. Una de ellas fue la disposición del hormigón de tal manera que se pudiera disipar el terrible calor generado. Si se hubiera colocado como un único bloque, el hormigón habría tardado en enfriarse más de cien años y la tensión habría agrietado y destruido el coloso. Llegaron a levantar un pueblo (Boulder City) al lado de la presa, para fabricar el material y las máquinas a utilizar, y así ahorrarse el transporte de las piezas más grandes y delicadas. También desviaron el cauce del río Colorado a través de cuatro túneles de derivación, para proteger y aislar la obra, y así poder cumplir el plan de edificación. El pueblo contaba con todos los servicios necesarios para la convivencia, incluyendo un casino, ¡cómo no!. Otra cosa que me sorprende es que su central hidroeléctrica, a pesar de generar una barbaridad de megavatios, solo cubre un pequeño porcentaje del consumo devorador de la ciudad de Las Vegas[47].

Me impresiona ver cómo una pareja de pasajeros llevan "sobaos" y con la boca abierta, prácticamente desde que empezó el viaje. A mí se me cae la baba al observar todo lo que nos rodea, así que no entiendo cómo hay gente que se puede quedar dormida perdiéndose el maravilloso espectáculo.

Volvemos a pararnos, esta vez cerca de *Lake Mead*, lago donde se puede navegar, pescar o practicar esquí acuático. Aprovechamos para ir al baño e inmortalizarnos junto a los llamativos cactus[48].

Ahora nos cambian de transporte y nos montan en una chatarra que tendrá más de cincuenta años. Se mueve y rechina de manera muy desapacible. No sé cómo mantiene su carrocería intacta y no va perdiendo piezas con las vibraciones. Lo malo no es solo el traqueteo y la incomodidad, lo peor es que pasamos del discreto asfalto a la agobiante carretera de tierra. El vehículo no está bien aislado y toda la arena roja del desierto va penetrando por el armazón, creando una nube de polvo irrespirable. Aquellos granos minúsculos se introducen en las fosas nasales y llega un momento en que cuesta respirar, haciendo los últimos 15 o 20

---

[47] Ya no recuerdo bien el dato, pero el reportaje hablaba de un 30%, o menos.
[48] Más tarde, me enteraría que estas plantas realmente se llaman Joshua o árboles Josué, como el título de aquel disco de U2, *The Joshua Tree*.

minutos del viaje muy desagradables. La tierra se deposita en las ventanas y en los cristales de las gafas, además de en pañuelos o clínex que mucha gente usamos como improvisada mascarilla[49].

Se hace largo pero por fin, sobre las 8:30, llegamos a *Hualapai Point*, donde se coge otro autocar para ver el Skywalk. El lugar de encuentro debe su nombre a la tribu india nativa de los Hualapai, cuya comunidad es muy activa actualmente y parece que se lleva un porcentaje de las ganancias por gestionar las visitas a la Reserva. Organizarse en este punto es un poco lioso ya que, según el mirador que desees visitar, debes esperar a un autobús o a otro. También hay un aeródromo en el que se puede montar en helicóptero y observar el Cañón desde el interior.

De repente, el cansancio desaparece y las vías respiratorias se liberan cuando puedo observar, en todo su esplendor, el apoteósico espectáculo que ha creado la naturaleza en la zona del Gran Cañón llamada *Eagle Point*: frente a nosotros se ensalza la efigie de un gran rapaz, esculpida en la montaña por la erosión natural, ¿o fueron los ovnis?, jejeje. A pesar de no tener cabeza, las alas desplegadas y la forma de ave, demuestran que el nombre está muy bien asignado. El maravilloso desfiladero impresiona desde cualquier punto desde el que se otee. Casi no se atisba el fondo, solo se intuye el río y algunas especies vegetales. Mirar hacia las profundidades del abismo me recuerda a los dibujos animados del coyote cuando, en sus intentos por cazar al correcaminos, solía caer por un barranco interminable, acompañado de un silbido descendente, que terminaba con un montón de polvo desprendiéndose del impacto contra el suelo.

Cerca de aquí está el típico poblado indio de la tribu Hualapai, donde venden artículos artesanos y hacen danzas étnicas. Además, se puede montar a caballo, dormir en cabaña y practicar el dominio de la cuerda con lazo.

Susana se pone muy nerviosa desde que llegamos. Le da miedo acercarse al límite del Cañón y le asusta vernos tan pegados al borde del precipicio. Por desgracia, esta actitud hace que pierda la ocasión para hacerse un buen puñado de fotos para el recuerdo. No somos para nada imprudentes, ya que tampoco nos exponemos a riesgos innecesarios, pero sí vemos algunos

---

[49] Estoy seguro de que mis pulmones aún albergan parte del desierto de Colorado como recuerdo de aquel trayecto

turistas que rozan lo absurdo, incluso uno, con rasgos asiáticos, que llega a subirse a un saliente de roca volátil, con unas posibilidades enormes de caer al vacío[50].

En alguna imagen parece que estamos al filo del acantilado, pero luego hay otras en las que se aprecia, claramente, que detrás de nosotros hay aún un escalón más, antes de sucumbir al abismo, y lo suficientemente amplio como para amparar un posible tropiezo. Así que no corremos ningún peligro. Sin embargo, Susa no para de repetir la frase *"¡a ver si vamos a ir cuatro y volvemos tres!"*.

En Eagle Point está el **Skywalk**, una plataforma transparente en forma de "U" en la que se puede observar el Gran Cañón de la forma más cercana y emocionante. Inaugurada en 2007, de alguna manera, esta construcción se atreve a "sacar la lengua" al monumento natural de Colorado, tratándolo de "tú a tú", sobresaliendo 20 metros y permitiendo que los humanos disfrutemos de las fabulosas vistas.

Hay mucha gente haciendo cola, pero lo bueno es que te separan para visitarlo en grupos de amigos, de tal forma que no tienes que coincidir con desconocidos. Así pues, "cierran" el Skywalk para nosotros y podemos hacernos fotos los cuatro solos. La pega es que tienes que dejar la mochila, con la cámara, en una taquilla, así los encargados de la instalación te obligan a comprarles luego las instantáneas realizadas. Merece la pena, ya que no es caro, te las dan en un pendrive y rara vez vas a tener imágenes como estas[51].

Nos dan unas zapatillas de papel para no dañar el cristal de la base. Parece frágil, pero aguanta el peso de 800 personas, aunque nunca han estado más de 120 al mismo tiempo. La pasarela impresiona y nos hace caminar bien agarrados a la barandilla, pues el vértigo es inevitable y la sensación de que aquella estructura se puede caer, hace que deseemos pisar suelo firme. Eso sí, alguna foto saltando sí nos atrevemos a hacer.

---

[50] Por las fotos que he podido ver en internet, actualmente existen barandillas de acero en zonas que antes no estaban protegidas.
[51] Eso sí, el dispositivo extraíble nos duró dos o tres usos. Menos mal que Carlos hizo una copia de seguridad rápidamente y las pasó al disco duro del ordenador antes de que dejara de funcionar.

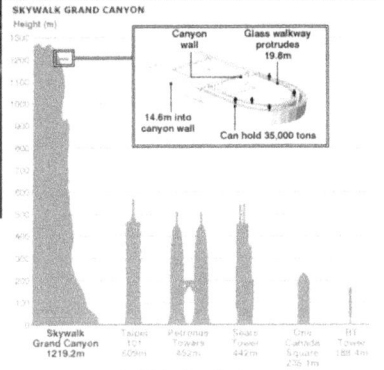

SKYWALK GRAND CANYON

Height (m)

| Canyon wall | Glass walkway protrudes 19.8m |

14.6m into canyon wall   Can hold 35,000 tons

| Skywalk Grand Canyon 1219.2m | Taipei 101 509m | Petronas Towers 452m | Sears Tower 442m | One Canada Square 235.1m | BT Tower 188.4m |

SOURCE: Grand Canyon Skywalk (www.grandcanyonskywalk.com)

141

La pantalla transparente de protección me llega casi hasta la altura de los hombros, pero aun así tengo la percepción de que me voy a caer. Siento sudor frío, nervios en el estómago y un pequeño temblor en las piernas. Es difícil de explicar, pero gozo de la situación. Es como disfrutar de una película de terror amparado por la comodidad y la seguridad de tu hogar.

Los asistentes que controlan el acceso, al ver que Susana es la que más pánico tiene, se ceban con ella, le dan sustos y arrastran su cuerpo por la plataforma tirando de un pie, provocando sus risas y gritos, al unísono.

Cuando uno está tumbado en el Skywalk, con el cristal como suelo, teniendo como panorama un desfiladero de 1.400 metros de altura, la idea es emocionante, pero a la vez acongoja y genera presión en las entrañas hasta casi faltarte la respiración. Carlos nos cuenta que de niño quería ser Superman para poder volar, ¡y quién no!, pero ahora, al estar viviendo esta experiencia, tumbado con la cabeza pegada al vidrio, mirando la profunda sima, ya no le interesa que ese sueño se cumpla… y con razón.

Después de esta experiencia, no apetece tampoco montar en helicóptero, ya que nos imaginamos que será algo insoportablemente impactante y no disponemos de la suficiente valentía.

Tras esta increíble vivencia, otro bus nos lleva a **Guano Point**. Todos los conductores son simpáticos, no tanto como el primero que nos trajo hasta aquí, pero animan y preguntan a la gente. Este rincón se llama así por una cueva de murciélagos, de la que la compañía U.S. Guano Corporation extraía excremento de quiróptero desde 1958, para usarlo como fertilizante.

Aquí hay un restaurante, pero preferimos disfrutar del paisaje y comemos en unos merenderos al aire libre, que están llenos de unos cuervos negros enormes. Acechan demasiado cerca de las personas, rapiñando peligrosamente todo lo que les echan los turistas. Recuerdo la película de Hitchcock[52] y entiendo muy bien cómo unas simples aves pueden causar bastante miedo.

Seguimos aprovechando para hacer fotos de este lugar tan bello: la precaución con la que uno se acerca a los límites de la estabilidad, compite

---

[52] Los Pájaros, película de 1963, de Alfred Hitchcock.

con la curiosidad por visualizar el sinuoso río, la escarpada garganta por la que se desplaza, los estratos escalonados y la vertiginosa profundidad.

Sé que no se debe hacer, porque hay que respetar y mantener el patrimonio, sobre todo el medioambiental, pero reconozco que me llevé algunas piedras pequeñitas como recuerdo[53].

Pero todo sueño se acaba y llega el momento de montar en el desguazado autocar, de vuelta a nuestro hogar provisional. Los asientos de las "señoras heavies religiosas" han sido ocupados por otros pasajeros. La mujer más dura, la de los parches, les larga una buena reprimenda a los asaltantes sobre el civismo de respetar los números de asiento, tanto a la ida como a la vuelta. Está tan seria y expone sus argumentos con tanta firmeza que los "okupas" huyen del sitio, prestos y avergonzados, sin entrar en polémica. Por el contrario, su compañera mira hacia nosotros y, sonriendo, dice "*es mi representante, nunca viajo sin ella*", lo que provoca nuestras carcajadas.

El retorno se me hace eternamente largo, gracias a esas carreteras con rectas interminables anti-insomnio que piden a gritos activar el piloto automático. Son preciosas las tonalidades del horizonte mezcladas con la tierra, los contrastes de zonas verdes y áridas, pequeños oasis en pueblos y lugares yermos, o las autopistas a lo Mad Max y los aparcamientos con caravanas, rancheras, furgonetas, etc.

No solo se hace tedioso el viaje por el molesto traqueteo, la fatiga del día, la arena o el polvo, sino también por la temperatura glacial del aire acondicionado del autobús, que es casi peor que la de los hoteles. Tras soportar la dureza del desierto, no podíamos imaginar que lo último que sentiríamos aquí sería... ¡frío!. Experiencias anteriores hicieron que metiéramos una sudadera en la mochila, algo que en esta ocasión ejerció de "chaleco salvavidas", pero a Carlos se le olvidó. Es el único que continua con manga corta y lo pasa realmente mal. En serio, está muy cerca de ponerse enfermo.

---

[53] Son reducidos fragmentos rojizos, en forma de lámina, que quedarían bien como colgante, pero son frágiles y se deshacen en las manos, por lo que desistí de hacerles un piercing y los guardé con delicadeza en un cajón con otros souvenirs. Quizá bañándolos en barniz pueda hacer que permanezcan sólidos.

ARIZONA
Tucson
Santa Domingo Trail & Railway
TERRITORY, 1879
Fort
Joachim
Red Mountain
Apache
Mountains
SUPERSTITION
VALLEY
Gila Gulch
Orion Hill
Haleyville
Ghost Town
Sangra Madre
Mission of
San Pedro
Rattle Snake Ridge
Don Domingo River

TRIBES
OF THE
INDIAN NATION

GRAND CANYON WEST
Experience the Hualapai Legacy
One Day Visitation Permit Issued To:

148

Quien tenga pensado moverse por EE.UU. en coche alquilado, que se informe bien de las posibilidades de comprar tarjetas descuento. Por ejemplo, hay una que por unos 50$ te permite entrar con vehículo en todos los parques nacionales del país durante un año. Merece mucho la pena, ya que solo acceder al Gran Cañón cuesta 25$ y emplazamientos como Yosemite o Bryce Canyon ya cobran alrededor de 20$.

El día es muy largo pero lo bueno es que, cuando contratas una excursión así, te recogen, te llevan y te regresan sin tener que preocuparte en cómo desplazarte. Nosotros lo hacemos a través de la empresa Viator, con un coste de 395,09€, alrededor de 98,77€ por persona.

Hay muchas otras posibilidades de visitar el Cañón ya que se pueden contratar rutas en helicóptero, ómnibus o avión. Hay también muchos recorridos alternativos en los que pueden verse lugares muy especiales, como el mítico pueblo cowboy de **Williams** (en la Ruta 66), la ciudad fantasma de **Ghost Town** o el campamento minero de **Chloride**, el más antiguo aún habitado de Arizona, desde 1870, con las recreaciones de enfrentamientos entre pistoleros que te trasladan al lejano oeste. Otro pueblo vaquero interesante es **Elko**, con casas de madera, casinos y minas de oro.

También es recomendable ir a **Sedona**, que atesora un paisaje muy parecido al del Gran Cañón, en pequeña escala, pero mucho más accesible y menos saturado. **Supai** tiene bellas cascadas que contrastan con otras zonas rocosas desoladas. **Dolan Springs** posee una gran selva de yuca y un hermoso cañón de mármol blanco, pero el rincón es de muy difícil acceso. El parque nacional **Zion** cuenta con altas paredes de arenisca roja y rosada, junto con capas de piedra caliza blanca y amarilla. La mezcla de colores crea un espectáculo único. En el *valle del Fuego* el paisaje volcánico es extraño, con variedad de tonalidades entre rojos, marrones, blancos, amarillos y rosas. El *valle de la Muerte* debe su nombre a las altas temperaturas que se alcanzan. En él pueden verse dunas de arena y lagos de sal. En **Mammoth Lakes** la diferencia de grados es brutal, pues se puede pasar en un momento de más de 40, a 5 grados. Muchos turistas van a practicar esquí. En *Lamoille* también hay contraste entre su vegetación de verano y los cerros de nieve de invierno, esculpidos por su actividad glacial. Por último, *West*

149

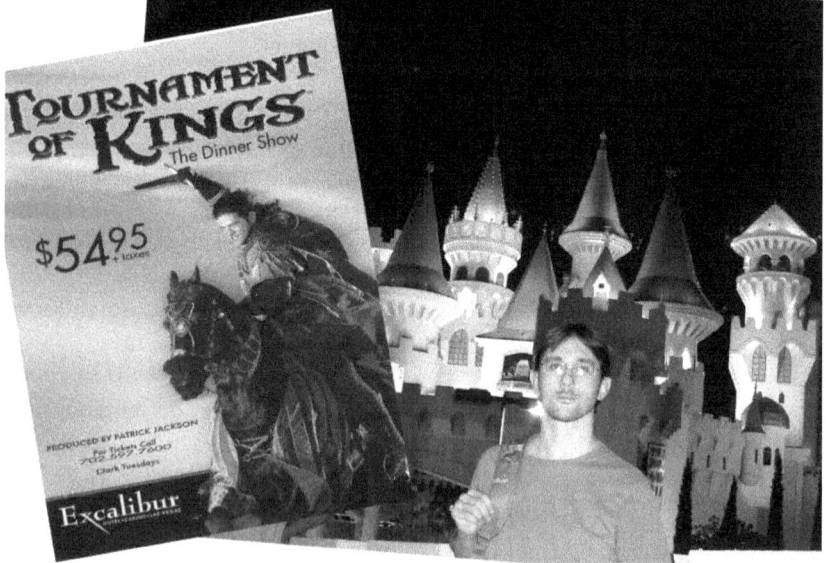

Wendover es uno de los destinos que más motoristas atrae, con conciertos de rock al aire libre casi todos los fines de semana.

Son increíbles los contrastes entre zonas de selva, desérticas, volcánicas o nevadas cuando llega el invierno. Sin lugar a dudas, este es uno de los rincones más hermosos del mundo.

Ya en Las Vegas, decidimos apearnos en la zona del Luxor, que aún no conocemos, y así lo hacemos. Hoy nos han recogido a las seis de la mañana y nos dejan a las ocho de la tarde, pero aún nos quedan ganas de conocer maravillas en esta ciudad interminable. El Luxor está un poco alejado del Strip, junto con dos o tres casinos famosos más. Hay que aprovechar para explorarlos.

Bajamos del bus al lado del **New York, New York**. Inaugurado en 1997, tiene 2.024 habitaciones, piscina al aire libre, fitness, etc. Uno de los espectáculos más conocidos representados aquí es Zumanity del Circo del Sol. Lo primero que llama la atención son, como no, las reproducciones gigantescas de los rascacielos, la réplica del puente de Brooklyn y la de estatua de la libertad, con 46 metros de altura. Rodeándolo todo, serpentea una sinuosa montaña rusa que recorre los exteriores del hotel, con looping incluido. Ni que decir tiene que ninguno nos atrevemos a subir. Estamos cansados y ¿por qué no reconocerlo?... ¡acojonados!. Damos una vuelta de pasada por el interior, que simula las calles de la gran manzana, pero vemos todo muy rápido, dejando la exploración a fondo para cuando estemos en la ciudad de verdad. No están las Torres Gemelas, aunque si hay un Memorial dedicado a las víctimas de los atentados del 11 de septiembre, formado por objetos que muchas personas enviaron al hotel como signo de condolencia.

La siguiente parada es el **Excalibur**, resort que está ambientado en la época del rey Arturo. El proyecto original se iba a llamar Xanadú, pero no llegó a ejecutarse. Esta zona, entre Las Vegas Boulevard y la Avenida Tropicana, tiene tanto tráfico que los pasos de peatones son elevados, conectando entre casinos. Se pueden visitar varios sin llegar a aventurarse en el exterior. También puedes desplazarte en el monorraíl gratuito.

Excalibur abrió en 1990 con 4.008 dormitorios y, en ese momento, fue de los primeros que tenía atractivos para los menores de edad, como actuaciones del mago Merlín o videojuegos. Es un enorme palacio-castillo

151

lleno de atalayas, que toma como referencia el castillo de Carcasona en Francia. La decoración medieval se torna infantil al estar repleto de familias con sus hijos. Es el primer espacio en el que vemos niños. El toque a lo Disneyland le hace perder magia y encanto a un sitio que, con otro enfoque, hubiera podido ser épico.

Tiene cuatro piscinas familiares al aire libre, una para adultos, capilla de bodas para tener una ceremonia renacentista y dos espectáculos permanentes gratuitos, el Tournament of Kings, en el que varios caballeros se enfrentan en un torneo y Merlín & Dragon[54], en el que un dragón emerge del foso del hall principal, para luchar contra el famoso mago, haciéndose valer gracias a bocanadas de fuego.

Comemos unos bocatas, salvo Marta, que se encuentra mal. Carlos tiene dolor de cabeza y Susana necesita ir al baño, pero no lo consigue desde que cambiamos de continente. Por suerte, yo solo estoy cansado. A pesar de todo… seguimos adelante.

El *Luxor* es alucinante y apoteósico. Por un momento, nuestros males desaparecen. La temática y decoración, como no puede ser de otra forma, imita al antiguo Egipto de los faraones, contando con una reproducción exacta de la tumba de Tutankamón. Abrió en 1993, con 4.408 aposentos, siendo el edificio más alto de la ciudad, con un coste de 375 millones de dólares. Más tarde, se amplió levantando dos torres zigurat. Desde fuera, la forma es piramidal, con esfinges en el interior, palmeras, obeliscos y todo tipo de referencias faraónicas. La disposición de los aposentos impresiona al estar como en una colmena, formando celdas dentro de la pirámide. En la entrada hay unas escaleras mecánicas rodeadas por estatuas, columnas y grabados de la época. ¿Menudo anacronismo lo de las escaleras no?, pero está claro que en Las Vegas hay que combinar la comodidad de los avances actuales con la belleza de las civilizaciones extintas.

---

[54] En junio de 2010 esta atracción fue eliminada.

154

En la primera planta hay una exposición sobre el Titanic que cierra a las nueve de la noche. Llegamos a las nueve y diez, por lo que nos la perdemos. Nos quitaríamos esa espina en Nueva York[55]. También está la de Bodies, cita a la que tampoco faltaremos en la ciudad de la gran manzana[56].

Aquí se representa Fantasy, un show con bellas bailarinas en topless haciendo coreografías modernas.

Salimos de este impresionante recinto por una esfinge gigante, situada al final de un paseo lleno de estatuas. Carlos y yo, dejamos actuar al niño que seguimos llevando dentro y nos hacemos una foto cabalgando encima de ellas. El haz de luz que desprende la cúspide de la pirámide se ve desde el espacio y, de vez en cuando, deben apagarlo para no comprometer la seguridad de los aviones que sobrevuelan la ciudad.

Aún con la boca abierta y la baba goteando, llegamos al *Mandalay Bay*, que es menos espectacular, pero más selecto y exclusivo. No vemos estancias tan babilónicas sino salones y pasillos más discretos y sobrios. La decoración en el exterior guiña un ojo a la antigua Mesopotamia y sureste asiático, con cascadas y efigies fenicias. Todo es más serio, con menos turistas y en un ambiente muy tranquilo y sosegado.

En 1996, el hotel Hacienda se convirtió en historia y desapareció para construir este resort, que se inauguró en 1999 con 3.309 habitaciones. En él se disputan eventos deportivos importantes como boxeo, artes marciales y conciertos en el House of Blues, donde caben 1.800 espectadores. La atracción permanente más conocida es el musical Mamma Mía sobre Abba, además de One, dedicado a Michael Jackson.

Posee baños termales, de topless, playas, piscinas y ríos artificiales, con olas simuladas y con cataratas incluidas. Tiene también un acuario de agua salada con tiburones. Puede disfrutarse desde el interior a través de dos túneles trasparentes.

Esta zona está casi despejada a pesar de que los hoteles son muy bonitos, pero estar tan apartada del Strip, tiene un precio.

---

[55] Página 179.
[56] Página 226.

Volvemos hasta el Excalibur utilizando el monorraíl y desde aquí vamos andando al Caesars. Pasamos de nuevo por el Bellagio en el momento en que empieza otro espectáculo en las fuentes, así que no dudamos en verlo. Es posible que este sea el más espectacular y pomposo al que hemos asistido. Los chorros de agua ocupan, esta vez, toda la superficie del lago, mientras una música que desconozco, pero que me recuerda a la de Eurovisión, sirve como director de orquesta. A veces parece que bajo la superficie hay decenas de ballenas coordinadas, respirando a la vez por sus orificios nasales, o un titánico monstruo Nessie escocés, que se eleva desde las profundidades abisales.

Y por fin llegamos a nuestro alojamiento con las fuerzas bajo mínimos. A pesar de ello, las chicas entran en Forum Shops, el inacabable y laberíntico centro comercial, en el que buscan una colonia y la tienda Pandora, mientras a mí me dan pinchazos en las piernas y los riñones se desprenden de mi cuerpo.

Las zonas del casino están llenas, así que dejamos el juego para el día siguiente. ¡Al final nos vamos sin apostar!. Lo hemos ido posponiendo y mañana nos despedimos de la ciudad. Es curioso ver jugar a gente de todo tipo y condición: jóvenes, mayores, con traje, vestidos de gala o con bata de andar por casa y con chancletas. Pasamos al lado de una mesa en la que el supuesto ganador canta y baila el *Bad* de Michael Jackson, y se oyen gritos y aplausos cada poco tiempo, sobre todo cerca de las mesas de dados.

Caemos en la cama sobre la una menos veinte, después de casi veinte horas despiertos.

SEGUNDA PARTE: NUEVA YORK

CAPÍTULO 6 - DÍA VI: 19-8-09. Miércoles.

Menos mal que jugamos a la ruleta el último día... ¡esto engancha! / Volamos a la ciudad con el más famoso skyline / Cuatro españoles en Nueva York, ¡uo, oo! / ¿Os imagináis el hotel Aznar o Zapatero? /

¿Y qué podía hacer? ¿Acusarlo de hacer trampas mejor que yo?

Si estás jugando una partida de póker, miras a los demás jugadores y si no sabes quién es el pardillo entonces es que eres tú

Frases de la película *El Golpe* (1973)

A las 8 nos levantamos y tengo la sensación, por primera vez en este viaje, de que he descansado plácidamente.

Han cambiado el cartel de "do nost disturb" por uno bastante chulo y apetecible. Aunque todo en Las Vegas es único y original, tengo que conservar un poco la educación, así que soporto la tentación y no me lo llevo.

Antes de salir de la habitación, me acerco a la puerta que conecta con la estancia de al lado y, entonces, descubro por qué sigue haciendo tanto frío en el aposento, a pesar de tener el climatizador apagado desde nuestra llegada: por la rendija de abajo asoma un halo gélido e intenso con suficiente fuerza para congelarnos. No me quiero ni imaginar la temperatura que soportarían los clientes colindantes.

157

Gmail

eTicket Itinerary and Receipt for Confirmation DWW1CE

Continental Airlines, Inc. <continentalairlines@continental.com>   Sun, May 31, 2009 at 2:34 PM

To ensure delivery of this e mail please add **continentalairlines@continental.com** to your address book or approved senders list. See instructions for adding us to your address book.

Continental Airlines

Confirmation:	Print your boarding pass
DWW1CE	at continental.com
	within 24 hours of your flight

Issue Date: May 31, 2009

Traveler	eTicket Number	Frequent Flyer	Seats
SENDINOAYALA/SUSANAMRS	0052184061599		32A/---
ESTEBANCASADO/LUISMIGUEL	0052184061600		32C/---
MUNOZCRESPO/MARTAMRS	0052184061601		32B/---
ESTEVEZMARTIN/CARLOSMR	0052184061602		32D/---

FLIGHT INFORMATION

Day, Date	Flight	Class	Departure City and Time	Arrival City and Time	Aircraft	Meal
Fri, 14AUG09	CO468	V	NEWARK EWR (EWR) 7:35PM	LAS VEGAS NV (LAS) 10:30PM	757-300	
Wed, 19AUG09	CO1579	Q	LAS VEGAS NV (LAS) 11:47AM	NEWARK EWR (EWR) 8:00PM	757-300	Snack

158

A las 8:30 vamos por fin a probar suerte en la ruleta. Entre Carlos y yo, jugamos 50 dólares en monedas de 5$. No queremos exponernos mucho, así que apostamos a "rojo o negro", "par o impar", por lo que tenemos un 50% de posibilidades de ganar. Arriesgamos dos fichas al rojo, sale rojo y nos dan el doble, cuatro en total. Repetimos la operación varias veces. Usamos la cabeza, sacamos más beneficio que perjuicio y hay un momento en que tenemos 80$, pero llegan las chicas metiendo prisa porque hay que ir al aeropuerto, así que aquí acaba nuestra estrategia.

Empezamos a jugar a la opción "del 1 al 18", "del 19 al 36" pasando luego a apostar por un número concreto, reduciendo cada vez más las posibilidades de triunfar, aunque incrementando el premio en caso de acertarlo. Cambiamos 20$ más y, al final, toda la pasta nos dura alrededor de veinticinco minutos.

Compruebo que la experiencia es excitante y muy adictiva: esto de ver cómo gira la ruleta, como salta la bolita y esperar unos segundos para saber dónde se aloja, es muy, muy emocionante. Menos mal que nos animamos a jugar cuando ya nos marchamos (incluso llevamos las maletas encima), porque si lo hacemos el primer día, no hay quien nos despegue de la mesa y, posiblemente, hubiéramos perdido hasta los gayumbos.

Creo que es mucho más cierta la cita "lo que se gana en Las Vegas, se queda en Las Vegas", que la otra frase más conocida que ya he mencionado.

Algunas ruletas y mesas de juego para póker, blackjack, etc. tienen una apuesta mínima indicada con claridad. Vemos desde unos asequibles 10 pavos hasta mesas de 100 dólares.

Nos despedimos de este magnánimo resort lamentando no haber visitado su spa, sus terrazas-bar al aire libre, o no habernos bañado en las piscinas Temple Pool y Neptune Pool, rodeados de columnas, efigies clásicas y lujo por doquier.

Carlos continúa nervioso por haber dejado el Mustang en Dream Car Rentals cuando habían chapado, sin poder "cerrar el alquiler" como mandan los cánones. Así que volvemos al concesionario y aclaramos las dudas que tenemos sobre el coche. Por suerte, no nos sancionan ni cobran ningún desperfecto que no conozcamos, así que solo nos piden pagar la gasolina

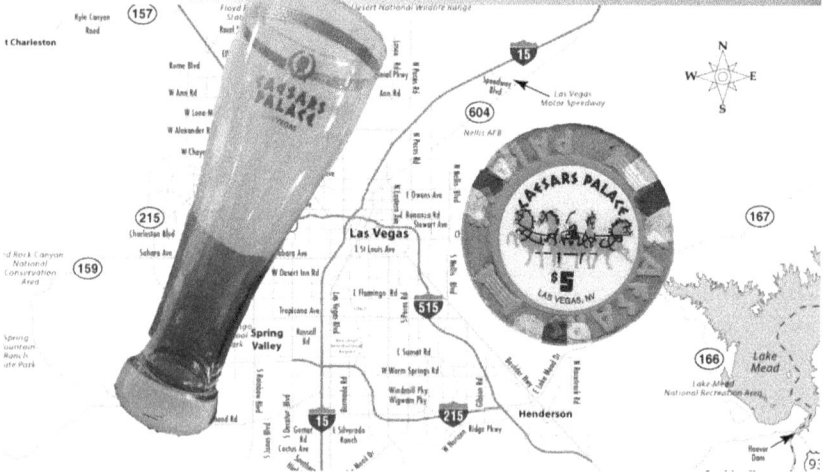

160

que no hemos restablecido. Todo en orden, pues. Por cierto, poner combustible es realmente barato y la unidad de medida utilizada es el galón, que equivale a casi cuatro litros. Mucha gente piensa en comprarse un coche en EE.UU por los precios asequibles, pero hay que tener en cuenta que llenarlo luego en Europa supone un coste desorbitado en muchos casos.

Cogemos un taxi hacia el aeropuerto McCarran, donde comprobamos que nuestro vuelo a Nueva York lleva una hora de retraso. Así que damos una vuelta ociosa por las tiendas temáticas y no censuramos las ganas de llevarnos varias chorradas de la tienda oficial de artículos del Caesars Palace: imanes de nevera, postales y, en mi caso, una preciosa copa dorada especial tipo Weizen, para beber cervezas de trigo.

Las máquinas recreativas nos acompañan por cualquier esquina. Menos mal que sus cantos de sirena no hacen efecto sobre nosotros. Será la última vez que vea un aeropuerto tan peculiar.

Despegamos a las 12:45 horas en vez de a las 11:45. Nos dan de comer ensalada, una chocolatina y (algo que nunca había degustado en un avión) un burrito mexicano con salsa picante, que hace las delicias de mi boca, bailando con suave taconeo en mi lengua.

Los paisajes que observo desde la ventana son cambiantes: de enormes y despoblados parajes pasamos a montañas boscosas y, después nos hacen compañía, densas masas de agua, hasta que una amplia zona nubosa evita ver más allá.

Aprovecho para seguir mi lectura de Sherlock Holmes y luego avanzo alguna de las canciones y poesías que tengo a medio componer.

Como Nueva York está en la costa este, hay tres horas más que en Las Vegas. Aterrizamos a las 18:00 horas según LV, pero en NY son las 21:00, sin olvidar que en la ciudad de los rascacielos hay seis horas menos que en España.

Nueva York comprende cinco municipios o distritos: Manhattan, Brooklyn, Queens, Bronx y Staten Island. Son unos 8,4 millones de habitantes los que pueblan la zona urbana de 830 kilómetros cuadrados. Manhattan coincide con el condado de Nueva York, Brooklyn con Kings, Queens con Queens, Bronx con Bronx y Staten Island con Richmond.

Brooklyn es el segundo distrito más conocido de esta gran urbe, tras "la gran manzana", Queens es el más extenso, Bronx en el siglo XX fue conocido por el crimen y su pobre economía, aunque actualmente todo ha cambiado, y Staten Island es quizá la zona menos conocida.

Descartando **Manhattan**, que es por donde nosotros nos moveríamos, prácticamente, durante toda la aventura, algunos de los lugares más recomendados por distritos son:

- **Bronx**: el parque Pelham Bay, la comunidad costera City Island, el centro cultural Wave Hill, el Museo de Arte o el jardín botánico.

- **Brooklyn**: Prospect Park, la academia de música, el barrio Brooklyn Heights, el Brooklyn Bridge y también el jardín botánico y el Museo de Arte.

- **Queens**: el Centro de Arte Contemporáneo, el Corona Park, el Shea Stadium, sede de los New York Mets o los museos de Long Island City.

- **Staten Island**: el ferry de Battery Park, el Centro Cultural Snug Harbor o el Museo de Arte Tibetano.

Uno de los indicativos que nos muestra que estamos en otra ciudad, lo notamos al montar en el taxi que nos lleva al hotel: el conductor es bastante maleducado y encima quiere cobrarnos de más, ya que nos dijo 64 al subir y ahora pide 80 dólares al llegar a destino.

Cenamos en el primer garito que pillamos, un 24 horas con buffet variado a elegir, con pasta, sándwiches, ensaladas, bocadillos, etc. Tras elegir las viandas nos ponemos a la cola para pagar y aparece un tipo bastante borracho con ganas de conversación que se pone detrás de mí:

- *At the last... – vocaliza alargando mucho la ese del final.*

Sorry, i don't speak english – contesto como mejor puedo.

Al escuchar mi acento, pregunta en español de dónde somos y resulta que el individuo es de Cartagena (Colombia). Cuesta un poco quitárnoslo de en medio, ya que busca palique y no hay manera de evitarlo. Ocupamos una mesa al otro lado del establecimiento y él se sienta en una esquina desde la que grita de vez en cuando:

- *¡Españoles!, jeje, ¡viva España!, jajaja.*

Ya cerca del hotel, en la zona de Midtown, está la famosa **Gran Estación Central**, reconocible en muchas películas por su enorme cúpula y gran reloj, aunque también hay una bandera americana que cuelga del techo y que no se queda atrás en tamaño. Tiene 44 andenes y 67 vías, lo que la convierte en la más grande del mundo.

Vamos observando algunas cosas típicas del cine, como el vaho que sale de las alcantarillas, los olores variados en cada callejón, los cubos de basura y contenedores que estropean la imagen idílica que tenemos de la gran pantalla, etc. Me sorprende el ruido de fondo continuo, que se asemeja a una máquina agrícola recién puesta en marcha y que siempre suena con el mismo volumen e intensidad, independientemente de que sea de día o de noche. El único momento en que el monótono zumbido desaparece es al entrar en Central Park, situación que contaré más adelante[57].

Nos alojamos en el **Roosevelt**, un hotel con una imagen y decoración de hace varias décadas. En algunos momentos parece viejo y descuidado, pero esa "decadencia" le da un toque clásico muy cinematográfico, como casi todo en Nueva York, así que me repetiré en las comparaciones, pero es que todo es idéntico a lo visualizado gracias al séptimo arte. Elegimos este lugar para hospedarnos ya que está situado muy céntrico, cerca de Times Square, Central Park o del Empire State. Tiene 1.015 habitaciones, centro fitness y varios bares, entre ellos el Mad46, ubicado en la azotea.

Es curioso el nombre del alojamiento, como el presidente número 32 de los Estados Unidos de América, Franklin Delano Roosevelt. Me pregunto

---

[57] Página 240.

Welcome to The New York Pass
Your Key to the City

PLACES OF INTEREST • MUSEUMS • ZOOS, AQUARIUMS, PARKS & GARDENS

SIGHTSEEING CRUISES • BEHIND THE SCENES TOURS • RETAIL

RESTAURANTS & DINNER CRUISES • RIDES & TOURS • THEATER & LEISURE

THE NEW YORK PASS

THE NEW YORK PASS GUIDE
ENGLISH • ESPAÑOL • DEUTSCH

A Leisure Pass
North America Company

One Pass. One Price.
ENDLESS FUN!

Madame Tussauds NEW YORK
See back $6 Off
Who do you want to meet?

Bike the Greenway!
DAILY GUIDED TOURS.
Bike Central Park
Bike the Brooklyn Bridge
$5 Off
212-260-0400
BIKE and ROLL

The BEST way to See New York City!
Hop-On, Hop-Off
Double Decker Fun
www.NewYorkSightseeing.com
800-555-0051 • 212-445-0848
$5.00 OFF

ZIP HELICOPTER TOURS
15% OFF
with this card

DestinationCoupons.com
FREE DISCOUNTS FOR THOUSANDS
OF DESTINATIONS WORLDWIDE
New York • Las Vegas • Orlando • London
Free Coupons! Click. Print. Save.

HOUSE OF BLUES
Restaurant
2 for 1 Breakfast

GOSPEL BRUNCH
EVERY SUNDAY AT 10 AM
2 FOR 1 TICKETS
House of Blues at Mandalay Bay Resort & Casino

166

cómo quedaría en España el llamar a hostales, albergues o pensiones, José María Aznar, Felipe González o José Luis Rodríguez Zapatero. Creo que no lo merecen y que necesitamos aún siglos de distanciamiento.

En el check-in, la recepcionista nos pregunta a Carlos y a mí si vamos a compartir habitación y aprovechamos para bromear, diciendo que así nos entenderíamos mejor y evitaríamos discutir, como hacemos con las chicas.

Hay un piano al final del hall del vestíbulo, al lado de los ascensores, y no puedo evitar tocar lo único que sé en este instrumento, y eso es la melodía de la serie de dibujos animados El Inspector Gadget. Me la enseñó una navidad ochentera mi primo Fernan, con un mítico teclado Casiotone. Ojalá supiera interpretar *The Final Bell* de la banda sonora de Rocky, o *Solace* y *The Entertainer*, de la película El Golpe, aunque supongo que eso llamaría más la atención y provocaría que me echaran monedas o que me expulsaran directamente del hotel.

Como era de esperar, al llegar al dormitorio (¡en la planta 17!), encontramos el aire acondicionado puesto en nivel "tormenta de Siberia", por lo que no me extrañaría que los americanos durmieran con el nórdico que hay encima de la cama. Si apagas el aparato te asas de calor y si lo pones, pereces en un ataúd de cristal, no hay punto medio, así que quitamos capas a la cama y abrimos la ventana. Los días posteriores, aunque apagábamos el aire al marcharnos cada mañana, nos lo encontrábamos encendido a nuestro regreso. Vaya forma tan absurda de derrochar y contaminar, sobre todo cuando hemos dejado claro, como clientes, que no nos hace falta este servicio.

Parece tema de risa, pero lo hemos pasado tan mal con la refrigeración tan extrema que, cuando lo hemos comentado en recepción, nos han dicho que hay una gran mayoría de habitantes con sobrepeso, cuyas peticiones son todo lo contrario, quieren que haga más frío porque sudan y siguen teniendo calor, mientras a nosotros nos parece que andamos por hielo puro. Insisto y vuelvo a recomendar llevar algo de abrigo en la mochila del día a día.

A pesar de estar bien localizado, el espacio es silencioso, aunque muy anticuado y viejo en algunos aspectos. La habitación es muy estrecha, pero cumple las expectativas que buscamos, ya que esto no son Las Vegas, y el hotel es lugar de paso que solo nos hace falta para dormir, lo cual cubre nuestras necesidades.

CAPÍTULO 7 - DÍA VII: 20-8-09. Jueves.

No es navidad en el Rockefeller Center / ¡Oh, San Patricio!, ruega por United States / Pisando el piano de "Big" / Nicolas Cage, como un fantasma y sin el "motorista" por delante / Costillas más ricas que las de Adán / El edén del chocolate / Ya, pero yo sobreviví al Titanic / Un Margarita en el Hard Rock Café

Cien veces he pensado que Nueva York es una catástrofe, y 50 veces que es una hermosa catástrofe

Le Corbusier (1887-1965)

El despertador hace su trabajo a las 8:30 y vamos a desayunar al **Metro Café**. Aquí hay cookies, yogures, tartas y alimentos similares.

Antes de empezar a explorar la gran ciudad, compramos la llamada New York Pass. Es una tarjeta que, por un coste razonable, te da derecho a entrar de manera gratuita en más de cuarenta atracciones, museos, monumentos, etc. Tiene también ofertas especiales y descuentos en excursiones, grandes almacenes, restaurantes, etc. Viene con una guía en la que aparece todo lo que puedes visitar (se hace muy útil) y además, está traducida al español. Aunque es lógico que en tan pocos días no puedas inspeccionar todo lo que viene en la guía, al final echas cuentas y ves que te compensa de sobra su precio.

Nuestra primera parada es en el **Rockefeller Center,** al que llegamos a través de varias alcantarillas humeantes. ¿Tanta diferencia de temperatura hay entre el interior y el exterior o es siempre la contaminación?[58].

Lo componen un complejo de 19 edificios comerciales levantados por la familia Rockefeller, con un coste estimado de unos 250 millones de dólares. Al ser verano, no podemos ver el gran árbol ni la famosa pista de hielo, que se montan en navidad a la entrada de la construcción principal. Por ella pasan medio millar de personas al año.

Una escultura de Atlas nos recibe con su porte mitológico. Quizá el magnate del petróleo que lo levantó en 1939, John D. Rockefeller, esté haciendo una comparación, ya que el titán sostiene el mundo, algo muy parecido a lo que hacen los multimillonarios capitalistas, por desgracia. También hay otra talla de Prometeo, con una fontana a su espalda. En un par de días disfrutaremos de la maravilla de mirador, conocido como Top of the Rock[59], pero no quiero adelantar nada, así que hacemos fotos a la fuente y estatua dorada de los exteriores y seguimos camino.

Más tarde, visitamos la joyería **Maurice Badler,** en la celebérrima 5ª Avenida. Encuentro tan aburridos estos sitios, salvo para los atracadores, que no puedo contar mucho de la estancia. Todo son vitrinas y estantes con anillos, pulseras y esas cosas que rompen o arreglan parejas.

Al salir, seguimos de tránsito por la vía pública. Los taxis y autobuses del cole son iguales que en la televisión, también los típicos puestos ambulantes de perritos o las fachadas de edificios llenas de banderas americanas a tutiplén.

Ni que decir tiene, que fue decisión de las chicas entrar en la tienda oficial de **Pandora** en Nueva York. Aquí Susana se compra dos enganches de esos de plata que se usan en la famosa pulsera.

---

[58] En realidad, es vapor de agua proveniente del sistema de calefacción y de fugas en las conducciones de agua que, al entrar en contacto con las tuberías de vapor, provocan este efecto. A veces, unas chimeneas de color blanco y rojo, protegen al paseante de situaciones de riesgo.

[59] Página 197.

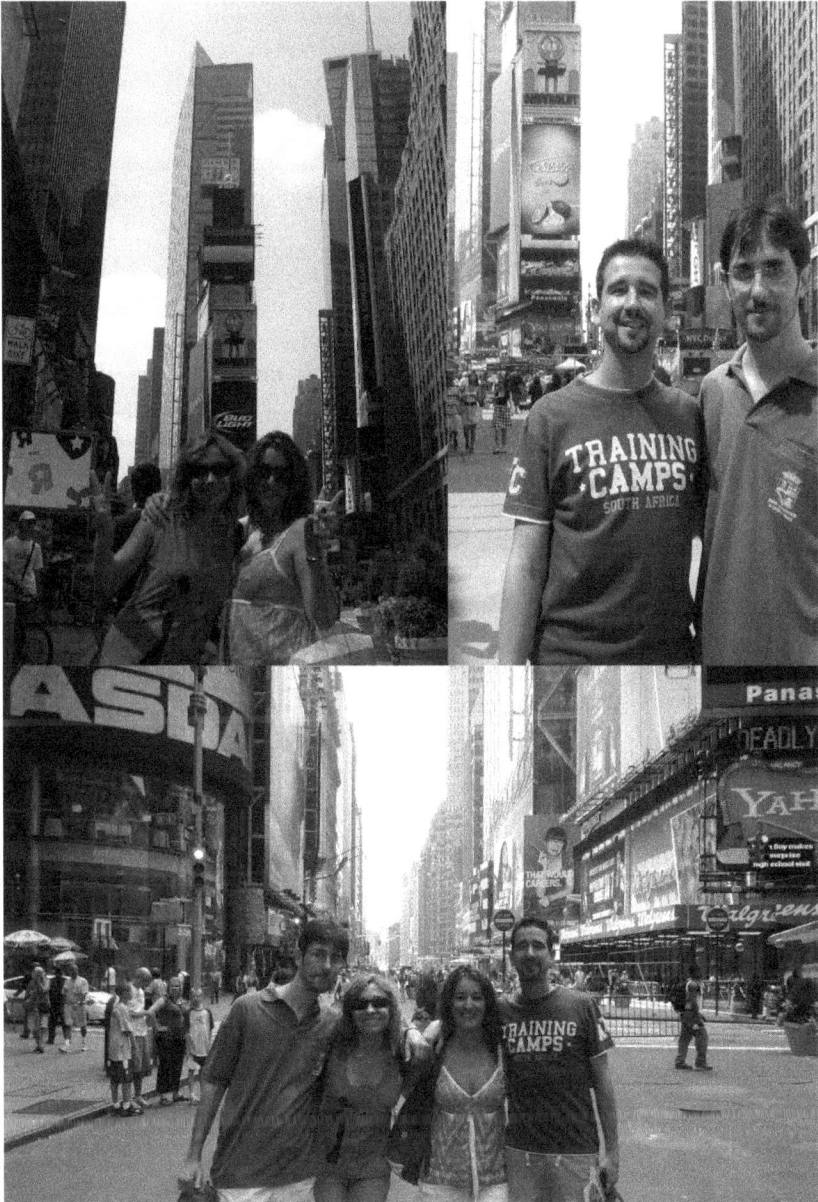

Cerca está la **Catedral de San Patricio**, iglesia neogótica que, a pesar de los 100 metros de altura de sus torres, contrasta con los rascacielos circundantes, que dejan muy escondido este templo de culto. Fue diseñada por James Renwick hijo y se terminó en 1879.

Nada más entrar, leemos un cartel en nuestro idioma que indica "misas en español todos los domingos a las 4 pm". Esto es otro ejemplo de la importancia de la comunidad hispana en el país.

Admiramos las bellas vidrieras del interior, que son abundantes y escribimos todos en el libro de visitas, incluido el muñeco de madera Pumucky, aunque sus palabras no son muy religiosamente correctas. Ya he mencionado anteriormente, que mi amigo Justo tiene un blog (Pumucky Viajero), en el que comenta todos los viajes de esta marioneta y da recomendaciones de interés. Así que uso el títere como en muchos otros lugares de esta aventura, como testigo para dar fe de la misma. También compro a mi madre un recuerdo, ya que es muy creyente, y opto por una medalla de San Patricio. Aquí llamo la atención de mis compañeros, gracias a mi inexistente conocimiento del inglés: en el regalo está grabado "pray for us" (ruega por nosotros) y yo identifico las letras "U" y "S" con los Estados Unidos, así que entiendo algo parecido a "ruega por United States" y me indigno diciendo:

- ¡Joer estos yankies como son, hasta en las imágenes religiosas piden por ellos!.

El descojone de mis amigos es tremendo, chocando por las paredes del templo y provocando eco.

Después vamos a **Times Square**, entre Broadway y la Séptima Avenida, y admiramos los plasmas de neón, con anuncios luminosos gigantescos de Yahoo, Panasonic, el musical del Rey León o Bud Light. Es un icono mundial, al igual que Piccadilly Circus en Londres o el cruce de Shibuya en Tokyo. Al poco de llegar aquí, terminamos con dolor de cuello de tanto mirar hacia arriba.

Algunas parejas de policías montan a caballo, como en Canadá y está todo hasta los topes de gente en tránsito, con un ambiente estupendo con personajes bailando, tocando música o similar.

Aunque la población son como hormigas moviéndose con prisa en todas direcciones, suele haber educación y todo el mundo usa el "excuse me" para que te apartes o para pasar directamente por delante de ti. Esto es muy útil en el metro, porque si te esperas a que la peña se aparte, no te dará tiempo a salir del vagón. También es eficaz acompañar nuestra conducta con un "please" o un "thank you". Y hasta aquí las lecciones de inglés del teacher Luismi, el tío más inútil para los idiomas que he conocido.

En esta zona se encuentran los estudios del canal **ABC**, la tienda de chocolatinas M&M, el restaurante de mariscos **Bubba Gump Shrimp Company** o un Planet Hollywood. Pasamos también por una tienda Apple que, cómo no, estaba como el camarote de los hermanos Marx.

Muy cerca de Apple, entre la Quinta Avenida y la calle 58, está la tienda **Fao Schwarz**[60], una juguetería emblemática con varias plantas llenas de diversos cachivaches: mister Potatos heterogéneos con cientos de narices, bocas y orejas para combinar, muñecos de Toy Story, legos, etc. Me gustan especialmente las marionetas de Barrio Sésamo de Jim Henson (Muppets), que mueven la boca y los brazos, los Playmobil de cualquier época, incluyendo unos casándose en Las Vegas, o los peluches gigantes de gran variedad y tamaño, incluyendo boas constrictoras, tarántulas o un dragón gigante.

Nada más entrar, una noria que funciona de verdad te da la bienvenida, así que podéis imaginar las dimensiones del recinto. Hay figuras de Lego a tamaño real como la de Batman y peluches de todo tipo de animales. También encontramos una zona de chucherías variadas, con caramelos Pez o soldados de plomo (símbolo de la tienda) hechos con golosinas, de 3 o 4 metros de alto.

---

[60] Cerró en el año 2015 por dificultades económicas, tras treinta años en el corazón de Manhattan.

174

Pero lo que más ganas tengo de ver es el piano de la película Big[61], que está rodeado de niños, aunque eso no importa. Carlos y yo hacemos cola, nos descalzamos y tenemos un minuto de gloria, haciéndonos pasar por Tom Hanks, como si volviéramos a nuestra edad más temprana. Rectifico, no hemos dejado la misma, nunca.

Pisamos el teclado a la vez, con cuatro o cinco críos más y la música que suena al pulsar las teclas resulta ilegible, a pesar de poner todos nuestros esfuerzos. Yo intento ejecutar de nuevo la melodía de la serie El Inspector Gadget, porque como ya dije, un capítulo atrás, es lo único que sé tocar en un piano, mientras Carlos hace lo propio con la Quinta Sinfonía, en la Quinta Avenida y en pie mayor.

Otra sorpresa que nos llevamos al acceder a Fao Schwarz es que Nicolas Cage sale por la puerta principal. Durante unos segundos, dudo sobre si es él quien tengo delante. Hay que ponerse en situación: tras varios días en Estados Unidos, comprobando que lo observado se corresponde con la ficción, inmersos cual starrings en una película, es difícil saber si los sentidos nos engañan o no. Por eso, cuando pasa a mi lado el famoso actor, llamo a los demás para que comprueben si mi vista es correcta y… así es. El icono del cine sale con un juguete, se lo entrega a su chófer y entra en un vehículo de alta gama que le espera. Su aspecto es bastante lamentable: anda despacio, con un leve cojeo, agachado, como arrastrando su maltrecho cuerpo. Nada que ver con el protagonista de El Motorista Fantasma, La Búsqueda o Con Air. Consigo sacarle alguna foto, aunque de lejos, para así demostrar que mi imaginación no está trastocando la realidad.

Durante el tiempo que Carlos trabajó en Estados Unidos conoció, entre otras cosas, varias franquicias alimentarias en las que disfrutó mucho de la comida, así que aprovechamos esa experiencia para papear en *Famous Daves* (Legendary Pit Bar-B-Que). Antes de saciar nuestro apetito, nos fotografiamos junto al logo que da la bienvenida al restaurante, con un cerdo asando costillas entre llamas y fuego. Son solo las 12:30 pero ya estamos más hambrientos que un critter. Un neón en el interior indica "eat like a pig" (come como un cerdo). Donde fueres, haz lo que vieres, así que eso vamos a hacer

---

[61] Protagonizada por Tom Hanks y dirigida por Penny Marshall en 1988.

175

El establecimiento es muy espacioso y tiene una planta superior diáfana. La zona más alta es como un amplio reservado, con una estética de los años 50 propia de la película Grease.

Pedimos una gigantesca bandeja que ocupa el centro de nuestra mesa, llena de compartimentos con beans (frijoles, judías), costillas, ensalada, patatas asadas, carne de ternera, alitas de pollo, mazorcas de maíz, muffins, etc. Ríete del Fosters Hollywood, Ribs o cadenas alimenticias similares que tenemos por España. Las costillas son excelentes y se deshacen en la boca casi sin hacer esfuerzo por masticarlas.

Hay como seis u ocho envases con salsas distintas para acompañar. Vienen en botes que parecen de silicona de bricolaje, por lo grandes que son. Algunas como el ketchup o la mayonesa están claras, pero las que hacen referencia a demonios, tienen pinta de estar preparadas para seres con un sistema digestivo a prueba de corrosión: Devil's Spit (el escupitajo del diablo) tiene pinta de picar; la mostaza de Georgia, Texas Pit, Rich & Sassy o Sweet & Zesh, son ejemplos de los jugos que están a nuestra disposición.

Bebemos cerveza Samuel Adams de barril, muy rica y disfrutamos de la música del local: *Panamá* de Van Halen, *Heat at the Moment* de Asia, temas de Stray Cats, Bon Jovi, etc., son una delicia para aderezar la sabrosa comida.

Sobra bastante, a pesar de que nos esforzamos por mermar la bandeja. Cuando ya nos marchamos, el camarero nos devuelve los dólares que dejamos de propina ya que está incluida en la cuenta. Nos ha tratado tan bien y es tan simpático, que optamos por darle ese dinero, o sea que pagamos "tip" dos veces, pero si los lectores hubierais estado aquí, nos entenderíais.

Mientras las chicas se vuelven locas en las tiendas de Times Square, Carlos me acompaña a **Rudy's Music** y **Sam Ash**, ambos establecimientos de instrumentos musicales. Al igual que en el Guitar Center de Las Vegas, busco la Gibson de mis sueños, todavía con muchas dudas sobre cómo puedo llevarla en el vuelo a España. En los dos lugares mencionados hay auténticas maravillas, pero la más barata está en torno a los 2.300 $ y se me va de presupuesto. No hablaré de los modelos de 5.000 o 6.000 $ que abundan en los dos locales, porque eso ya es otro nivel… inalcanzable.

Volvemos a juntarnos los cuatro para ver la dependencia de los Lacasitos americanos, **M&M'S**. El local abrió en 2006, tiene tres pisos y 8.000 metros cuadrados. Desde fuera, un enorme plasma nos recibe con imágenes de un emanem King Kong subido al Empire State, otro bailando vestido de Elvis, a lo Tony Manero en Fiebre del Sábado Noche y guiños similares al mundo del cine, la música o el deporte. El recinto tiene tres plantas llenas de frikadas: juguetes, figuras, variado merchandising relacionado y, por supuesto, tubos y tubos altísimos de chocolatinas de todos los colores y sabores para servirse al gusto: arroz inflado, chocolate con leche, con almendras, cacahuetes, naranja, coco, canela, cereza, mantequilla de cacahuete o incluso con frambuesa. Sorprenden las cajas regalo con la estatua de la libertad a lo M&M, muñecos tocando instrumentos rellenos de cacao, camisetas con motivos cinematográficos como Indiana Jones y el Templo del Chocolate, un ajedrez con figuras emanem, un monopoly personalizado, guitarras eléctricas con chocolate dentro, etc.

Marta está como Susana, sintiéndose mal físicamente y con dolor de tripa por no haber ido al baño en todo el viaje. Pero aquí surge el milagro y lo que más le gusta de la visita a M&M'S es, sin duda, el baño, donde deja recuerdos de todo lo ingerido en los States.

En Las Vegas no pudimos ver la exposición Bodies, Tutankamon o la dedicada al Titanic, pero en Nueva York también tenemos la oportunidad de disfrutarlas y vamos a aprovechar la coyuntura, empezando por la dedicada al famoso barco, llamada *The Artifact Exhibition*. Marta tiene muchas ganas de verla y nos arrastra a los demás, aunque tengo que reconocer que merece la pena.

Nada más acceder, recibes con la entrada un pasaje (boarding pass) con un personaje con el que te tienes que identificar a lo largo de la muestra, individuo que realmente estuvo en el Titanic. Susana es Miss Walter H. Corbett (Irene Colvin), de treinta años de edad y se aloja en segunda clase. Carlos es Mr. Nils Martin Ödahl y Marta Miss Kate Florence Phillips.

Podemos admirar los camarotes en tamaño real, tanto los de primera como los de las clases bajas. En los más lujosos, el oro no se escatima ni en los retretes y eo que un billete costaba el equivalente a 40.000 dólares de hoy en día. La historia de los sujetos más conocidos y las fases del hundimiento

WHITE STAR LINE

BOARDING PASS

PERMISSION GRANTED TO COME ABOARD
WHITE STAR LINE'S
R.M.S.
TITANIC

ISMAY, IMRIE & CO.,
34, LEADENHALL STREET, LONDON,
AND
10, WATER STREET, LIVERPOOL

WHITE STAR LINE   TICKET #   Unknown

Passenger Ticket per Steamship: R.M.S. _Titanic_
SAILING FROM: _Southampton_   DATE _10/April_ 1912

PASSENGER NAME: _Mrs. Walter H. Corbett (Irene Colvin)_
AGE: _30_   FROM: _Provo, Utah_
ACCOMPANIED BY: _Traveling alone_

CLASS: 1ST ☐   2ND ☒   3RD ☐   CABIN # _Unknown_
TRAVELING TO: _Provo, Utah_
REASON: _Returning home to Provo, Utah, after studying nursing_
in England.

PASSENGER FACT: _The daughter of Mormon Bishop Levi Colvin, Irene_
was studying medicine in London. She was returning to Utah to
be with her three children. Before boarding Titanic, Irene
wrote a letter home, saying that some Mormon elders were also
joining her on the ship.

WHITE STAR LINE   TICKET #   Unknown

Passenger Ticket per Steamship: R.M.S. _Titanic_
SAILING FROM: _Southampton_   DATE _10/April_ 1912

PASSENGER NAME: _Mr. Johan H. Nysveen_
AGE: _61_   FROM: _Oyer, Norway_
ACCOMPANIED BY: _Traveled alone_

CLASS: 1ST ☐   2ND ☐   3RD ☒   CABIN # _Unknown_
TRAVELING TO: _Grand Forks, North Dakota_
REASON: _After living in North Dakota for 27 years, Johan_
returned to Norway and remarried. He was returning to the
United States one final time to finish his business there and
give part of his farm to one of his sons, before returning to
Norway to be with his wife.

PASSENGER FACT: _Johan's second wife Pauline gave birth to twins_
_in 1911._

Discovery
TIMES SQUARE EXPOSITION

Produced By

RMS TITANIC, INC.
A Division of Premier Exhibitions, Inc.

180

se ven reflejadas con detalle. La sala dedicada al impacto con el iceberg es muy interesante y emula la temperatura gélida del lugar. También hay un pedazo auténtico del casco, de 15 toneladas, hallado en el fondo del mar.

Al llegar al final de la exposición, puedes comprobar si tu personaje sobrevive o no, comprobándolo en una lista con los 1.523 fallecidos. A mí me ha tocado un señor mayor noruego de 61 años (Mr. Johan H. Nysveen) que viajaba a América para visitar a los hijos que llevaba siglos sin ver. Entre que su edad era avanzada y que estaba en tercera clase, era difícil que sobreviviera, incluso sin acaecer el hundimiento. Solo el individuo de Marta sale ileso, ella se pone eufórica y esto será algo que tendremos que soportar durante el resto de las vacaciones, escuchando en muchas ocasiones como Marta afirma:

- *Ya, pero yo sobreviví al Titanic.*

Más tarde, vamos al **Hard Rock Café** de Times Square. Está lleno de guitarras y ropa de músicos famosos del mundo del rock. Una de sus plantas tiene una tienda con merchandising y en otra está el bar-restaurante. En él hay unos cuantos grifos de cerveza: Budweiser, Newcastle, Stella Artois, Bud Light, Bass, Samuel Adams Lager y Guinness. Pero nos decidimos por algo distinto, un rico y exótico cóctel Margarita, con tequila José Cuervo Gold, en copa especial, con los bordes llenos de sal, rodaja de lima y pajita. Suena *Take on Me* de A-Ha en la megafonía y bebo una deliciosa mezcla en la capital del mundo, pero el brebaje no calma el dolor de riñones y de cabeza que me está debilitando.

No tenemos fuerzas para mucho más, así que vamos a la tienda de moda **GAP** y, como se hace un poco tarde para cenar, regresamos al hotel con un perrito caliente en la mano.

Nos acostamos a las 21:00 horas de la noche. ¿Muy pronto con tanto por ver?, ¡claro que sí!, pero el viernes toca madrugar… y mucho.

CAPÍTULO 8 - DÍA VIII: 21-8-09. Viernes.

La familia Mata... hace honor a su apellido / Recuerdos del Wendy's toledano / Niágara, buen rincón para pedir matrimonio / Otra vez Superman al rescate / El encanto de Canadá / Huracán Bill / Y era un hombre... ¡pero yo lo besé!

Creo en las segundas oportunidades, creo en la redención, pero sobre todo creo en mis amigos

Lo peor de ser fuerte es que nadie te pregunta si estás bien

Frases de la película *Superman, El Hombre de Acero* (2013)

Son las tres de la madrugada y hay que levantarse porque vienen a buscarnos a las cuatro. Hoy es el día de Niágara y hay que prepararse para coger el vuelo de las 6:00 para la ciudad de Búfalo. Hemos contratado el viaje con See USA Tours y, al igual que en el Gran Cañón, esta empresa se encarga de recogerte en el hotel, llevarte al destino contratado y devolverte al mismo sitio al regresar... todo comodidades.

En cuanto aparecen en el alojamiento, me doy cuenta de que me olvido el pasaporte y la puñetera tarjeta verde. Menos mal que es justo en la puerta y puedo volver a la habitación. La tarjeta verde es un papel pequeño y frágil, parecido al papel de fumar, que no debe perderse nunca, puesto que hay que entregarlo al salir de EE.UU. Lo malo es que está hecho para extraviarse, tan fino, minúsculo y volátil. Susana y yo lo tenemos metido en la caja fuerte de nuestro dormitorio, pero como hoy volamos a Canadá, tenemos que llevarlo con nosotros. Si no lo devuelves en la aduana es como si siguieras en el país, por lo que, al pasar los noventa días permitidos para residir como

183

turista, te conviertes en ilegal. Si, por el contrario, vuelves a tu patria, ya no puedes regresar a U.S.A. El pasaporte también hay que mantenerlo a buen recaudo para no tener problemas. Es aconsejable guardarlo en el hotel y moverse con el carnet de identidad, ya que en casi todos los sitios lo aceptan.

La furgoneta que nos lleva al aeropuerto recoge además a la familia Blasco, un matrimonio vasco superpijo, con cuatro hijos que, por desgracia, nos acompañarán durante la jornada. Son tan egocéntricos, engreídos y egoístas que los rebautizamos como la familia Mata[62].

El avión sale sobre las 7:30 y llegamos a la terminal de Búfalo antes de las 9:00. Nos llevan en autobús a desayunar a una franquicia llamada **Wendy's**, que pertenece al jugador de hockey Tim Hortons. Esta es la primera gran sorpresa del día, ya que todo esto me recuerda cuando en Toledo llegó a existir, un local de esta casa, a principios de los 90 y donde tomé mis primeras hamburguesas con el grupo de amigos de los Desaboríos.

Me llama poderosamente la atención cómo sirven los desayunos a los que hacen su pedido desde el coche. Hay un reloj que se activa al parar cada nuevo cliente y que nunca llega a rebasar el minuto. Es decir, entregan todo en menos de sesenta segundos.

Sobre las 9:20 continuamos hacia Niágara Falls (Ontario, Canadá). En este caso, no es un hombre de color quién describe el viaje, como en Colorado, sino una mujer con acento latino llamada Isolina. También nos guían Rick y Leticia, pero Isolina habla más y da detalles interesantes de cualquier cosa que pasa por delante de sus ojos, hasta de las empresas que se cruzan en nuestro camino, como por ejemplo Whirlpool, la de los electrodomésticos, los neumáticos Dunlop, los cereales Kellogs o Noco, cuyos depósitos industriales son descritos como "tinacos". Me hace mucha gracia el uso de algunas palabras propias de su idioma.

La zona está llena de centrales hidroeléctricas que aprovechan la fuerza, amplitud y caudal del río Niágara. Es interesante conocer la erosión anual que genera o saber que los diez grados de temperatura impiden que la gente

---

[62] Serie de televisión que emitían por esa época en Antena 3 (2007-2009) y cuyos protagonistas eran especialitos, cascarrabias y excéntricos.

se bañe, a pesar de estar en verano. Además, nos cuentan que iluminan las cataratas a las nueve de la noche, lo cual tiene que ser digno de ver.

Aprendemos otras cosas menos importantes, como que la edad legal para beber son los 21 años, así que si compramos alcohol nos van a pedir la "licencia", algo que llevan solicitándonos en EE.UU. desde que llegamos, por lo que no nos sorprende algo así en el país de la policía montada.

Al llegar a las cascadas, llueve un poco, pero eso da igual, ya que el espectáculo natural que tenemos frente a nosotros es increíble. Nos dan un chubasquero porque nos vamos a plantar en primera fila y una cosa es mojarse un poco, y otra acabar calado. La humedad y el agua que salpica, tras chocar contra las rocas y el río, hacen que nos agobiemos con el jersey o sudadera puestos. Por si fuera poco, el impermeable genera efecto invernadero en el interior de nuestros cuerpos, lo que aumenta la sensación de intensa opresión. Para colmo, desde primera hora de la mañana, el cielo avisa de la posibilidad de lluvia fuerte, las nubes amenazan continuamente y nos aconsejan no separarnos de nuestro compañero de plástico.

Desde cualquier lugar, la cámara de fotos grita que la usemos, ya que hay panorámicas fabulosas, sobre todo desde las torres con plataforma, a las que se accede por ascensor, y más cuando el arcoíris aparece encima del río.

Subimos a un barco de la empresa *Maid of the Mist* (que lleva en este negocio desde 1846) y nos colocamos lo más cerca que podemos de proa, para no perder detalle. Nos cruzamos con otros barcos que vuelven de la base de la catarata principal, donde golpea el agua con más virulencia. Hay otras dos secundarias y tienen sus nombres correspondientes, como la del velo de novia y la de la herradura. La cascada canadiense es la que está en Ontario, la estadounidense es la que pertenece a Nueva York y la más pequeña es la conocida como velo de novia, por asemejarse mucho a esta prenda de boda. Tienen una caída de unos 64 metros y son muy amplias, ya que el contenido de los Grandes Lagos se descarga aquí.

Las pantallas líquidas que nos rodean refulgen agua por todas partes. En este momento, con la capucha puesta, de azul como los pitufos, le digo a Carlos que es un buen lugar para pedir a las chicas matrimonio. Pero ellas no piensan igual, les da vergüenza por toda la gente que nos rodea, el goteo

188

líquido, la espuma salpicando por todos lados y el ruido que hace el agua al romper, no son precisamente de ayuda.

Ni que decir tiene que todo el trayecto es emocionante e inolvidable. Estamos a punto de ser devorados por una fuerza natural tremenda, que me hace pensar en el torbellino maelstrom[63] de Noruega y ahora es cuando entiendo el porqué del logo de la empresa llamada Whirlpool.

La distancia entre una orilla y otra del río Niagara es descomunal, con un caudal muy potente y violento. La zona de los rápidos impresiona, donde el agua alcanza velocidades de entre quince y veinte kilómetros por hora.

Aún nos queda disfrutar de este espectáculo desde diferentes puntos geográficos. Para ello, hay que pasar la aduana y entrar en Canadá. Aquí hay dos miradores, el de la isla de la Cabra y el de la isla de la Luna, cada cual más grandioso y siempre con chorros de agua muy cercanos, que acaban por ducharnos. Uno de ellos es el que aparece en la película Superman II. Habrá quién relacione este paraíso con la película Niágara de Marilyn Monroe, o con Piratas del Caribe, pero yo no puedo evitar volver a pensar en el superhéroe por excelencia, o el que, al menos en mi caso, más marcó mi infancia (que me perdone Ralph Hinkley de El Gran Héroe Americano).

Así que, es ineludible hacer la tontada pertinente. Agarro un pasamanos de la barandilla y, gritando a Susana, finjo que me caigo al fondo de la cascada, emulando la famosa escena de Christopher Reeve. Está claro que lo hago por la parte de dentro del agarradero, que no soy tan gilipollas, jejeje, y visto lo mal que lo pasó mi novia con el vértigo en el Gran Cañón, no es el momento de hacer tonterías.

Subimos después a la **Skylon Tower**, desde donde pueden observarse todos los saltos de un modo privilegiado. Aquí todo cobra otra dimensión. Uno no se cansa de ver esta maravilla desde cualquier perspectiva. Desde esta ubicación, puede apreciarse con detalle lo cerca que pasan los barcos de las cataratas. Quedo muy sorprendido cuando Isolina comenta que, en invierno, se congelan estas bestiales masas de agua y, desde octubre, ya no se puede navegar. No ocurre todos los años, pero cuando la temperatura llega

---

[63] Es un remolino enorme localizado en las costas meridionales del archipiélago noruego de las islas Lofoten.

eljueves.es La revista que sale los mié

luismi

Cataratas del Niágara

Amigos de "El Jueves":
Queremos compartir esta foto en las cataratas de Niágara, donde un niño se puso a jugar en una barandilla y se precipitó al abismo. Hubo que quitarle la revista a Superman para que volara en su auxilio, pero fue demasiado tarde, el número de "El Jueves" hizo al superhéroe desatender sus quehaceres. Un saludo:

Luismi y Carlos (Toledo)

a los 30 grados bajo cero, acontece el milagro. Cuesta creer que la fuerza de la naturaleza pueda ser contenida por otro recurso natural como es el hielo.

Hay una terraza exterior desde la que se escucha el estruendo del líquido elemento al caer, con más intensidad que el fuerte viento. Tiene una red metálica de protección que me recuerda mucho a la de la torre Eifell de París.

Depende de para dónde mires, encuentras gente con chubasqueros naranjas, amarillos, azules, etc. Algunos parece que están recogiendo chapapote o en una zona radiactiva, buscando una bomba.

Comemos en un buffet en el que hay pasta variada, calamares a la vinagreta, salmón, pollo, etc. Está todo muy rico, también los postres y la fruta que, por lo que veo, escasea en Nueva York. La familia Mata, haciendo alarde de su civismo, no esperan a nadie del grupo y comen los primeros sin ninguna consideración.

En el observatorio de la torre Skylon se me ocurre una idea. En el avión a Las Vegas tuve tiempo de leer el número 1.681 del semanario cómico El Jueves. Pues bien, en la sección "En Familia" vi como podías enviar tu foto, desde algún rincón del mundo, con la revista entre las manos, para que la publicaran. Los que salían en el ejemplar mencionado, estaban en los alineamientos megalíticos de Carnac, en la Bretaña francesa. Pienso que Nueva York, Las Vegas o Colorado son lugares muy típicos para viajar y que Niágara no lo es tanto. Así que Carlos y yo nos sacamos una instantánea con la mítica publicación[64].

No puede faltar la tienda de recuerdos típica de la zona, que es *First Nations - Souvenir City* y, cómo no, está llena de tópicos del país: renos, alces, indios, tiendas tipis, tótems, pipas para fumar y, por supuesto, la policía montada. El peluche de un alce vestido de uniforme es el doble de alto que yo y bastante más gordo. Hay un montón de llaveros y colgantes muy impactantes (pero nada estéticos) con escorpiones e insectos de toda clase. Creo que no son ideales para regalar a una mujer. También hay armas

---

[64] Por desgracia, esa foto no apareció en la edición impresa sino en la digital de El Jueves por el Mundo, en internet, pero aún así nos hizo ilusión.

como cuchillos, navajas, arcos y otros, menos convencionales, como tirachinas.

Por fin sale el sol y la humedad parece decrecer. El emplazamiento por el que seguimos ahora el recorrido está lleno de locales turísticos muy originales y con fachadas que parecen atrezzo de películas. Los que más destacan, para mi gusto, son "House of Frankenstein, Niagara´s Most Terrifying Experience" con un frente de piedra lleno de gárgolas, "Criminals Hall of Fame, Wax Museum", las tiendas "La Coppa Nostra" y "Dracula's Haunted Castle", con una boca llena de colmillos que sirve como entrada, o un Burger King con un Frankenstein gigante comiendo hamburguesas.

Las viviendas por las que pasamos parecen muy antiguas, del periodo colonial, con mansiones de la época victoriana que se mantienen en excelente estado, muy cuidadas y con todas las zonas comunes muy limpias. Apetece vivir en un sitio así, aunque algunas casas parecen de la madre de Norman Bates[65], salvo cuando nos dicen que hay alojamientos que pueden costar entre un millón y dos millones y medio de dólares. Hay también una iglesia anglicana, moteles pequeños como los de las películas y un templo budista conocido como "el de los diez mil budas" integrado por monjes Shaolin… ¡vaya mezcla!.

Agotamos los últimos minutos, en este lugar del planeta tan especial, disfrutando de nuevas vistas desde amplios parques, con césped perfectamente cortado y en compañía de unos roedores grandotes, parecidos a las ardillas, llamados chipmunk, chipmonkeys o algo así. No son muy amigables, incluso a veces son peligrosos para los humanos si se les molesta.

Toca de nuevo pasar por la aduana, atravesar el puente Rainbow con muchísimo tráfico y volver al aeropuerto Internacional Buffalo Niagara. Una vez en él, nos dicen que el vuelo se va a retrasar mucho, porque el huracán Bill ronda por los alrededores y es peligroso despegar.

Pasa el tiempo y, finalmente, nuestro vuelo se cancela. Hay poca información en las pantallas y en los informativos, y procuramos estar con el resto del grupo para ver si nos enteramos de cómo va todo. La familia Mata

---

[65] Personaje protagonista de la película Psicosis, de Alfred Hitchcock, estrenada en 1960.

no actúa así, se separan de la comitiva y hacen vida propia, cenando por su cuenta y sin el menor esfuerzo por relacionarse con los demás.

Tras unas horas de espera, en vez de despegar a las 19:30, salimos a las 21:00 horas. Estamos nerviosos porque la palabra huracán suena fuerte, ¡y es que es muy fuerte!, algo demasiado serio como para andar haciendo bromas. Pero es subir a la nave y una joven azafata de color utiliza su simpatía y su sonrisa para hacernos olvidar todo. Agradezco que haya gente tan profesional en su trabajo y que, en momentos así, saque lo mejor de sí misma para ayudar a los demás.

Evito el aburrido vuelo y me entretengo viendo Grease en el canal VH1 y escuchando algo de heavy. Al aterrizar, a las 22:00 horas, reina la confusión, ya que los organizadores se despidieron en Búfalo, garantizando que alguien vendría a recogernos en Nueva York, pero nadie aparece.

Un poco más tarde, llega un autobús de See USA Tour, en el que se puede acceder según el orden en el que se nombra a los viajantes. Todo indica que nos va a tocar cerca de la familia Mata, pero nos quedamos sin sitio y uno de los empleados de la empresa, llamado John Peralta, se compromete a trasladarnos personalmente al hotel en su furgoneta.

Como compañeros de itinerario tenemos a unos chicos que en breve visitarían Las Vegas, así que hay feeling y buen tema de conversación. John crea un estupendo ambiente en el vehículo, pinchando temazos de Michael Jackson como *Man in the Mirror* o *Smooth Criminal*, de Bruce Springsteen, *Born in the USA* (muy adecuado) o la banda sonora de Fiebre del Sábado Noche.

Aquí estamos, con un cansancio terrible, pero se nos olvida de golpe y nos ponemos a cantar como locos. Da un poco de miedo ver cómo John agita con una mano el mp3 para saltar cada canción y con la otra cambia de marcha, mientras se desplaza por un túnel lleno de conos a gran velocidad, rozando muchos de ellos. Baila en el asiento, corrige la trayectoria dando algunos bandazos y mira para atrás cuando habla, pero no parece preocuparle a ninguno de los ocupantes. Yo voy de copiloto y quizá por eso me doy mayor cuenta del peligro, o puede que la fatiga no me deje valorar correctamente la realidad.

Entonces llega la canción *Chicho Rizo* de Moreno Negrón, un merengue que relata la típica historia del tío que liga con una mujer y resulta que no, que es un hombre, pero con una letra bastante divertida y acertada que dice: *"me di cuenta que todo era postizo, pestañas postizas, ojos postizos, uñas postizas, cabello postizo y le llamaban Chicho Rizo; lo malo fue que ¡yo lo besé!, el lío grande fue que ¡yo lo besé!, besaba bueno pero ¡yo lo besé! y era un hombre pero ¡yo lo besé!."*.

Y así fue como nos derrumbamos en la cama a las 24:00, tras veinte horas despiertos: haciendo coros y repitiendo *"¡pero yo lo besé!"*.

CAPÍTULO 9 - DÍA IX: 22-8-09. Sábado.

En el top de los cielos / MOMA, ¿arte moderno?, ¿arte?, ¿en serio? / Cube de Apple / Cerveza artesana en Heartland Brewery / Gran Manzana, Beso Francés y Chocolate en el hall del Roosevelt / En EE.UU. hay que tener "enchufe"

Si algún día se interrumpía el suministro de cerveza en Nueva York sería porque llegaba el fin del mundo

Texto del libro *Nueva York*, de Edward Rutherfurd (2009)

Es un placer levantarse a las 8:20. El descanso es, del todo, reparador. Desayuno solo fruta para limpiar el estómago, casi toda tropical como mango, papaya y similares, pero de una calidad horrenda. Me he fijado en que es muy complicado encontrarla en Nueva York, al menos fresca, ya que lo que siempre hay en las tiendas son tuppers con la fruta ya troceada y pelada, incluso la naranja, así que está toda seca.

En la primera parada del día de hoy, regresamos al *Rockefeller Center*. Subimos al mirador *Top of the Rock*, a la planta 70, que es donde está el famoso observatorio del edificio. Tiramos de la New York Pass para acceder "por la patilla". El ascensor tiene el techo de cristal, avisándonos de lo que nos espera. Las vistas son al aire libre, en una especie de azotea muy espaciosa. Desde arriba se ve Central Park por completo, que tiene hasta lagos en el interior, el Empire, la estatua de la libertad a lo lejos, en su isla y rascacielos variados, desde los más modernos hasta los más clásicos, como los que aparecen en la película Cazafantasmas.

Como llegamos temprano, hay poca gente y podemos hacer un montón de fotos con comodidad, incluso "haciendo el Superman". Esto no puede faltar

197

GUEST   1 ADULT
DATE.   AUGUST 22, 2009
ENTRY TIME 10:20 AM-10:35 AM

en la ciudad de los baluartes de Babel. Se inclina uno doblando la cintura, con los brazos estirados y la cabeza mirando a lontananza. Es aconsejable que queden al fondo edificios altos, y cuanto más míticos, mejor.

Todo el mirador está protegido con pantallas acristaladas o barandillas robustas. A pesar de estar nublado, es una gozada poder ver desde aquí la vastedad de esta urbe. Es inevitable pensar cómo serían las torres gemelas. Si lo que tenemos delante nos abruma, ¿cómo puede ser que existieran colosos aún mayores?. Por desgracia, ya nunca lo podremos comprobar.

Para salir a la terraza principal, cruzamos una habitación con un sensor de movimiento que va marcando nuestros pasos, en las paredes y el techo, a través de unas luces de colores. Jugamos un poco con los detectores, intentando emular a Michael Jackson en el video musical de *Billie Jean*.

Desde las alturas, tan cerca de las nubes que casi rozan nuestro cabello y atisbando la enormidad de lo que nos rodea, uno vuelve a sentirse minúsculo, pequeñito, aunque solo en tamaño.

Ya en tierra firme, entramos en la tienda oficial de la cadena-productora **NBC**. Aquí hay merchandising promocional variado de algunas de sus series más famosas como Friends, Héroes o Galáctica.

Pasamos por otro lugar legendario como es el **Radio City Music Hall**, donde se retransmiten los premios Grammy o los otorgados por la MTV. Es considerado el teatro más importante del país, fue inaugurado en 1932 y tiene capacidad para 6.500 espectadores.

No muy lejos de aquí, también está el **Carnegie Hall**, que es una famosa sala de conciertos, toda una institución en el continente.

Luego nos cruzamos con un mercadillo en medio de la gran urbe. No me imaginaba que aquí también los había. Llaman la atención la cantidad de olores, sobre todo por las comidas que expenden en los puestos.

Comemos unas pizzas y nos adentramos en el **MOMA**. Está considerado el mejor museo de arte moderno del mundo. Destacan pinturas de maestros como Vincent Van Gogh, Claude Monet y Jackson Pollock. Aquí están las famosas *latas de sopa Campbell* de Andy Wharhol o *Las Señoritas de Avignon* de Picasso. Ninguno somos expertos, ni siquiera aficionados al arte expuesto, por lo que no entendemos ni la mitad de las obras: una silla y una mesa pegada en el techo, una estatua con mazorcas de maíz en la cabeza, lienzos solo "pintados" de negro, pijamas con figuras de penes y pubis por fuera de una vitrina, etc. ¿Es esto arte?. Cierto es que hay piezas fantásticas como *La Noche Estrellada* de Van Gogh o *La Persistencia de la Memoria* de Dalí, pero el museo en general nos aburre bastante. Creo que, si no es por la gratuidad de la New York Pass, no habríamos entrado pagando.

Susana va burlándose de lo que ve en todas las estancias y no para de reír. A mi me sorprenden especialmente dos cuadros que no conocía, pero que me cautivaron sin remedio: *Dynamic Hieroglyphic of the Bal Tabarin* de Gino Severini y *Portrait of Felix Feneon* de Paul Signac.

Cambiamos el escenario por completo en la tienda **Apple** de la Quinta Avenida, con forma de gigantesco cubo transparente. Está identificada con una manzana sujeta por planchas acristaladas, las cuales hacen el efecto de parecer que la fruta está suspendida en el aire. Aquí hay vía libre para utilizar los ordenadores que se exponen, así que aprovechamos para mirar nuestros correos y mandar mails a la familia. A pesar de la permisibilidad, hay que ser discreto y, si los encargados te pillan, como le ocurrió a Susana, te echan del ordenador y hay que esperar a que otro quede libre.

Después tomamos algo en la **Torre Trump**, justo en el vestíbulo, donde resaltan los tonos dorados y luce una cascada en la pared, que cae desde la parte más elevada del muro. Es uno de los cien edificios más altos de Nueva York. Se terminó en 1983, pertenece al magnate Donald Trump y en él está la sede de su organización y una vivienda privada en el ático. Sirvió como escenario de las empresas Wayne en la película El Caballero Oscuro de Christopher Nolan. A pesar de las similitudes en el plano económico, ya le gustaría a Trump ser Batman.

Me resulta raro decirlo, pero el local de ropa **Abercrombie & Fith** tiene cosas que me gustan, así que me llevo una camisa con cuadros de esas de leñador que suelen ir con mi estilo.

En la 6ª Avenida entramos en el bar **Heartland Brewery**, que está construido al estilo irlandés, con casi todo de madera, las paredes de ladrillo visto, una barra larguísima y poca iluminación, dando ese toque íntimo tan peculiar. Elaboran cinco cervezas propias y tres de temporada que solo pueden degustarse en verano. Hay pale ale, de trigo, una IPA, afrutadas

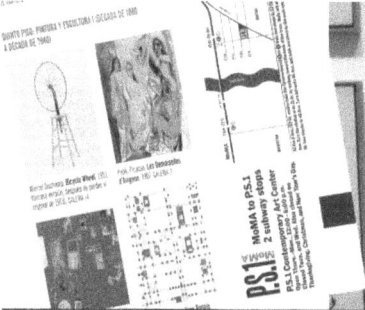

como la Summertime Apricot Ale, con limón, etc., así que pedimos una tabla con una muestra de cada variedad, para probar todas. Me gusta bastante la Indian River Light Ale, con gusto a tequila, aunque en la carta pone toque a naranja, pero yo no lo detecto.

Cenamos alitas tostadas con salsa de queso azul y salsa barbacoa, costillas, gambas rebozadas y pollo picante. También sirven búfalo. Me apetece mucho probarlo, pero las chicas no se atreven a pedirlo porque parece ser que pica mucho. Se acercan a preguntarnos qué tal está todo, justo en el momento en que empieza a sonar Led Zeppelin. No puedo evitar tararear el riff de comienzo de la canción y el camarero se da cuenta de que todo está perfecto.

Se nos va otro día, pero antes de dormir, tomamos unos cócteles en el bar del confortable hall del hotel Roosevelt. Los más típicos de Nueva York son el Dry Martini (con ginebra, vodka y vermouth), el Long Island Ice Tea (con ron, vodka, ginebra, tequila y triple seco), el Manhattan (con angostura, Martini rojo y Canadian club) y el Bloody Mary (con vodka, tomate, tabasco, sal, pimienta, zumo de limón y apio). Pero los elegidos para esta ocasión fueron un Big Apple (con zumo de manzana, vodka y menta, aunque también puede hacerse con Martini o whisky), French Kiss (con champán, limón, frambuesas y vodka) y un Chocolate (creo que también con vodka).

El lugar resulta de lo más acogedor con sus sofás, moqueta, arañas como lámparas, luces entrañables, jarrones y decoración burguesa antigua.

A las 24:30 buscamos los confortables brazos de Morfeo. Como cada noche, antes de dejarnos vencer por el sopor, ponemos a cargar los móviles. Este es otro problema que puede pillarnos desprevenidos en suelo yanki, el no tener adaptador para los enchufes americanos. Menos mal que los desplazamientos previos de Carlos volvieron a sacarnos de apuros. Ha traído un adaptador-conversor que nos fue cediendo para poder tener batería a diario en el teléfono. Hay que prestar atención también si compramos aparatos digitales, electrónica o DVDs, ya que en EE.UU. se utiliza la señal NTSC, mientras en España funciona el sistema PAL.

CAPÍTULO 10 - DÍA X: 23-8-09. Domingo.

¿Misa en Harlem?, no, gracias... ¿seguro? / ¿Unas canastas en NBA Store? / Nunca el ejército fue tan atractivo como en el portaaviones de "Soy Leyenda" / Codeándonos con el famoseo, aunque sea de cera

> *¿Sabes cuál es mi filosofía? Que es importante pasarlo bien, pero también hay que sufrir un poco, porque, de lo contrario, no captas el sentido de la vida.*

> Frase de Woody Allen de la película *Broadway Danny Rose* (1984)

Ayer hablamos, en la cervecería Heartland Brewery, de la posibilidad de ir a **Harlem** para asistir a una misa góspel. Es una de las cosas que tengo apuntadas como imprescindibles, pero Carlos y Marta ya han estado en alguna, y me cuentan que tampoco es algo tan especial como para descartar otras visitas. Me llama la atención una ceremonia con todo el mundo cantando, bailando y participando, aunque no creo que la realidad sea como en la irreverente película Los Colegas del Barrio[66]. ¿Y desde cuando me ha interesado a mi ir a misa si siempre he ido obligado?.

Así que finalmente queda descartado ir a Harlem. En este barrio todas las guías recomiendan entrar en la catedral de **St. John the Divine**. Es una de las más grandes del mundo. Tiene una altura tan elevada que la misma estatua de la Libertad podría esconderse bajo su cúpula y sobre dos canchas de fútbol. Empezó su construcción en 1892 y, al igual que La Sagrada Familia de Barcelona o algunas páginas web, sigue "en construcción". Muchos la conocen como San Juan La Inacabada o La Interminable. Destaca por sus vidrieras y jardines con pavos reales.

---

[66] Film de cachondeo, bastante absurdo, dirigido por Paris Barclay en 1996.

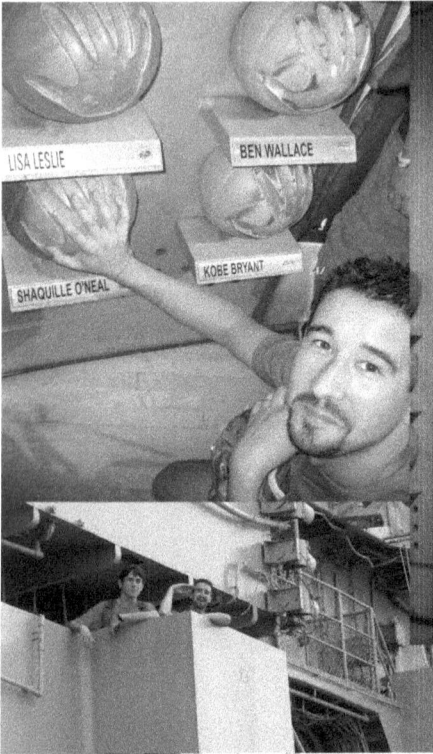

Son ya demasiados días sin poder ir al baño. No lo digo por mí, sino por Susana. Tras soportar mareos y malestar general, la pobre se pone definitivamente mala. No se ve con fuerzas para emprender otro ajetreado día, así que se queda a descansar en la habitación del hotel, mientras nosotros vamos a ver el edificio de la ONU. Se unirá a la comitiva más tarde.

La *sede de la Organización de las Naciones Unidas* puede ser visitada de manera guiada, pero no hemos hecho reserva y tan solo queremos verla por fuera. Es un inmueble curioso de los años 50, muy alto (como todo en esta ciudad) pero sobre todo muy estrecho. Se terminó en 1952 y se encuentra en la zona conocida como Turtle Bay.

Entramos luego en la tienda **NBA Store**, especializada en deportes americanos como béisbol o hockey y, por supuesto, en baloncesto. Posee 2.300 metros cuadrados repartidos en tres plantas. No resisto la tentación de hacerme fotos con un bate y un casco de béisbol, cosas que por España no se encuentran fácilmente. Me sorprende descubrir, entre decenas de camisetas futboleras, una del Atlético de Madrid, pero no del Real Madrid. Hay una pared con varios jugadores famosos de la NBA, marcando su altura (Lebrón James con 2,03 m., o Yao Ming con 2,29 metros) y la talla de mano encajada en moldes con forma de balón. Ahí está la palma de pelotari de Shaquille O'Neal, Kobe Bryant o Ben Wallace. También podemos apreciar la talla de zapatilla (Shoe Size) de algunos deportistas. No faltan las pantallas con publicaciones en redes sociales de atletas, clasificación de equipos, entrevistas, etc.

Antes de largarnos, vemos una máquina de juego de esas con una canasta. Es gratuita y, claro, hay que hacer cola. Un chico negro que está tirando no falla ni una… si es que son la raza más perfecta que hay para el deporte, no hay duda. Carlos y yo echamos una partidita y consigo ganar 34 a 10. Cuando nos vamos, vemos a los chicos de la familia Mata echando algunos tiros en la máquina. Nos alejamos con rapidez, evidentemente, pero antes compro una camiseta para mi hermana Mária. ¿La temática?, ¡el basket!, por supuesto, ¿y el equipo?, los Lakers, con caricaturas de los jugadores, incluido Pau Gasol.

INTREPID

SEA, AIR & SPACE MUSEUM COMPLEX

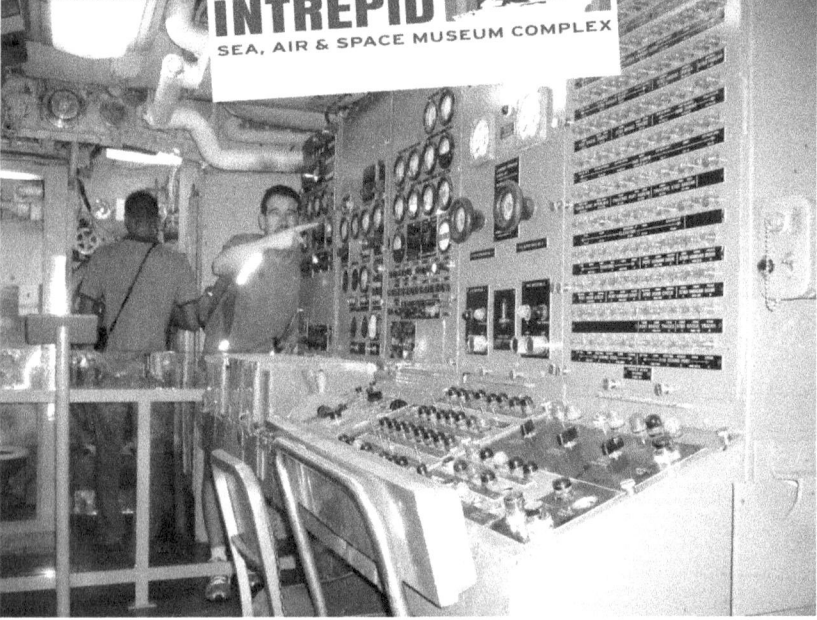

Subimos luego a lo Rocky las escaleras de la *Biblioteca Nacional de Nueva York*. Posee alrededor de tres millones de ejemplares que se pueden hojear, pero no sacar del recinto. Muchos son rarezas, como una biblia impresa por Gutenberg, la declaración de independencia de Jefferson o un manuscrito de Cristóbal Colón.

Comemos cerca de nuestro hotel en un irlandés llamado *Eamonn's Bar Grill*. Aquí bebo cervezas autóctonas, una Brooklyn Lager y una Brooklyn Pennant Ale. Creo que es el primer rincón de toda Norteamérica en el que no son agradables, al contrario, nos tratan con antipatía y desgana. Encima los precios son un poco altos. Pues sin propina que se quedan… ¡Oh no!, viene incluida en la cuenta. ¡Qué cabrones!, por eso no se molestan en dar buen servicio. Como ya he dicho, es el primer y creo que único lugar en el que nos tratan mal. En muchos establecimientos la gratificación la incluyen en el ticket, pero eso no quita que te sigan atendiendo muy bien. Este es un tema que da para una larga discusión, ya que las propinas en Nueva York se consideran obligatorias y suponen alrededor de un 15 o 20% de la cuenta total.

Pasamos de nuevo cerca del mercadillo urbano que vimos el día anterior. En esta ocasión hay música en directo que se mezcla con los olores variopintos. Aquí si que saben cómo montar los tinglados para atraer gente.

Impaciente estoy por llegar al *Intrepid Sea-Air-Space Museum*, un portaaviones de la segunda guerra mundial y de la guerra de Vietnam que está en el puerto de Nueva York, en el muelle 86 de West Side y que aparece en la película Soy Leyenda de Will Smith. El barco es museo desde 1982 y cuenta con 30 aeronaves restauradas, el submarino USS Growler y el Concorde de la British Airways.

Tardamos un rato en llegar andando, pero durante el trayecto pasamos por un barrio muy distinto a los vistos hasta entonces, con edificios bajos, una valla de forja en la entrada y con las escaleras de incendios bajando por la fachada, muy a lo West Side Story. Los bajos son un poco siniestros y pasan varias furgonetas de helados que me recuerdan a la película de terror It.

Tras llegar al complejo, vamos contrarreloj, ya que cierran el submarino a las 17:00 horas y el museo del barco a las 18:00. Son las 16:20 o así, por lo

209

que tenemos que priorizar. La cola para el submarino es larga, así que ocupamos sitio y mostramos la New York Pass.

Merece muchísimo la pena, la visita claro, porque estar en un artefacto así, bajo el mar, a mucha profundidad, con la presión que debe haber, en movimiento (quieto ya impresiona), ¡y encima en guerra!, tiene que ser acojonantemente duro. Hasta ochenta personas pueden formar la tripulación lo cual, en un cubículo tan estrecho y reducido, tiene que causar una claustrofobia brutal. La zona de literas es opresiva e incómoda. Cuento hasta cuatro filas de camas estrechas, con 24 catres en total, en solo una habitación. Una de las filas está prácticamente a ras del suelo. El baño y la cocina no son una excepción. Los marineros deben ser minúsculos para poder sobrevivir en este agujero. Hay una sala de juegos a la que el nombre le queda grande, ya que los únicos divertimentos están pintados en las mesas: ajedrez, damas y similar. La percepción de agobio dura toda la experiencia, aunque desaparece un poco al entrar en la estancia del periscopio, que es algo más amplia. Cuando accedo, me siento obligado a gritar "*¡el periscopio!*", sin darme cuenta que un militar está allí y repite mis palabras, confirmándome que todo el que entra dice lo mismo, de forma inconsciente.

Por todos lados está lleno de paneles de mandos, abarrotados de botones, clavijas, interruptores, válvulas, tuberías, indicadores y palancas inentendibles. El habitáculo destinado a los torpedos tiene también un hueco para dormir en el poco espacio que dejan estos enormes proyectiles.

Después entramos en el portaaviones. La cubierta es muy chula, con muchos modelos de cazas, helicópteros y una gran torre de control. Me llaman la atención aquellos que tienen ojos y dientes pintados en el morro. En el interior, volvemos a encontrarnos con pasillos estrechos, camarotes pequeños, escaleras muy, muy empinadas y sensación de estar acorralados, aunque el aire es más respirable que enjaulados en el submarino. Desde el puente de mando se ve magnífica la ciudad de Nueva York.

Para los que nos libramos del servicio militar obligatorio, tan solo por un mes, un conflicto armado es… un poco como en las películas: épico, emocionante, lleno de héroes, etc. Pero la realidad es espantosa y en el cine no puedes sentir el frío, el hambre, la ansiedad o el olor de la sangre y de la

213

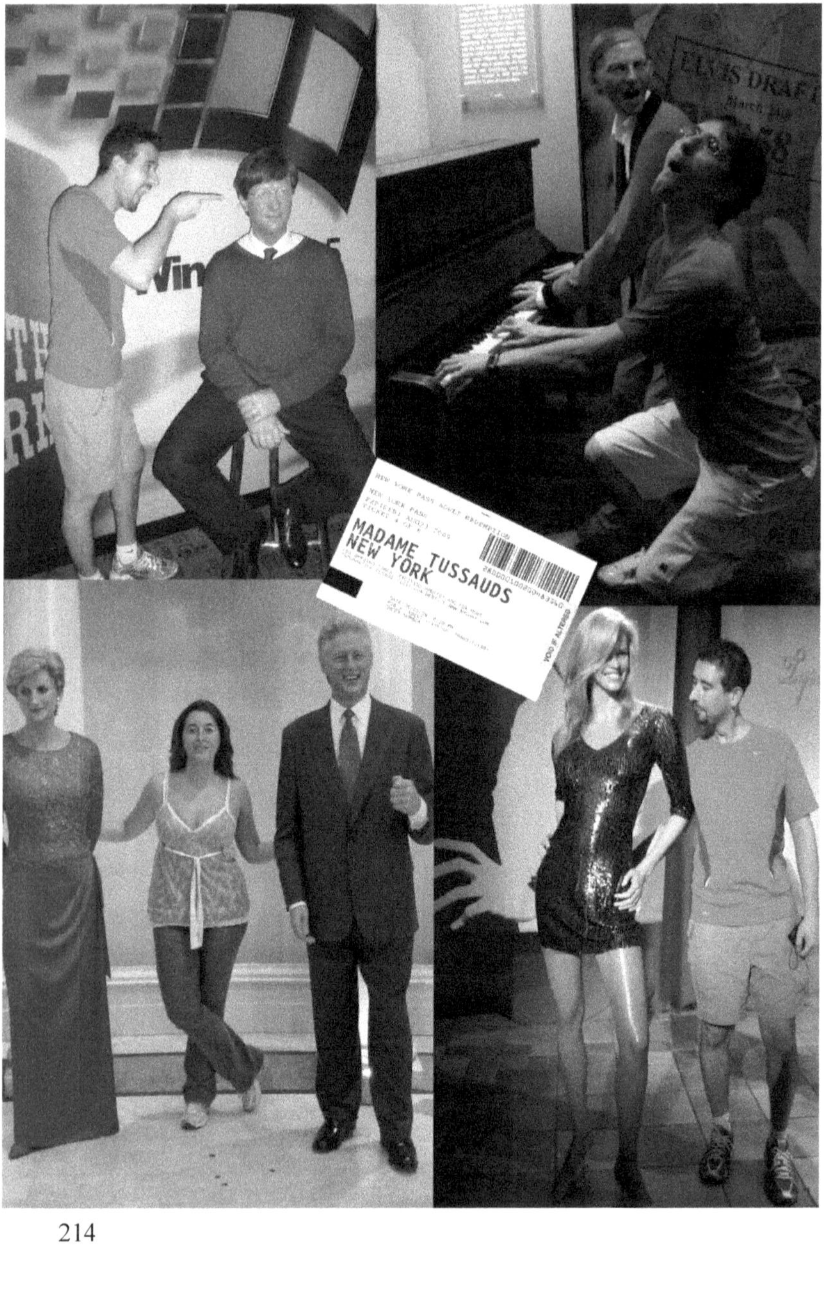
MADAME TUSSAUDS
NEW YORK

muerte. Encerrados en una de estas máquinas de guerra y acercándonos un poco a lo que de verdad viven los soldados, no me puedo ni imaginar por las penurias que deben pasar en una contienda hostil.

Llega la hora del cierre y nos quedamos sin disfrutar de los simuladores en 4D, en los que adoptas el papel de piloto, hay movimiento, viento en tu pelo y efectos especiales.

Cambiamos de aires, acercándonos al museo de cera *Madame Tussauds* que está cerca de Times Square. Ya que no pudimos ver el de Las Vegas, aprovechamos para ver este. Nos lo pasamos bastante bien haciéndonos fotos con celebridades que, todo sea dicho, son bastante realistas.

Marta elige a Gandhi, Brad Pitt, Daniel Craig (el último James Bond), Johnny Deep, Harrison Ford, John Wayne, Lincoln, Kennedy, Clinton, Lady Di, George Clooney, Pelé, Buffalo Bill y Toro Sentado.

Carlos llama la atención a Bill Gates, toca el culo a Elle Macpherson, besa el trasero de Beyoncé, gana por una cabeza a Jesse Owens en una foto finish, forma parte de un equipo de astronautas y da un pico a Marilyn.

Susa se inmortaliza con Spielberg, los Beatles, Paul Newman o Bon Jovi, mientras yo me decanto por Hendrix, pongo cuernos a Brad Pitt y cruzo mi brazo con el de Angelina, salgo con Ozzy Osbourne, en el despacho oval con Obama, con James Dean, toco el piano con Jerry Lee Lewis, froto mi cuerpo con el de Marilyn Monroe o poso con el nuevo Superman.

En la representación de la zona cero, todos ayudamos a los bomberos a levantar la bandera de EE.UU., Carlos y yo volvemos a nuestros orígenes con Bruce Springsteen y en la zona dedicada a Bollywood nos disfrazamos de indios.

Las salas más representativas son las dedicadas al cine, la galería de los presidentes, donde me sorprende la cantidad de gente que hace burla a George W. Bush (sacándole un moco, pegándole, etc.), el pasillo del terror con las chicas gritando cuando sale un actor y nos toca (la cámara del horror en vivo, al completo, tiene un cargo adicional y no pasamos), las salas monográficas sobre música, deportes, televisión, etc... es una gozada creernos acompañantes de tantos famosos.

216

Volvemos al hotel agotados. A Marta le duele mucho la cabeza y yo tengo unas ampollas que palpitan como si tuvieran corazón propio. Caemos rendidos en la cama sobre las 23:00 horas.

CAPÍTULO 11 - DÍA XI: 24-8-09. Lunes.

Nunca te sentirás tan libre, ni volará tanto tu imaginación, como en la Isla de la Libertad / Superman sigue siendo protagonista de mis fantasías en Metrópolis / Cacheos en el Museo de la Policía / El doctor Muerte y el "arte" de la plastinación / Ni el puente de Mapfre, ni el de tu jubilación, me quedo con el de Brooklyn / El epicentro del dolor, la Zona Cero / El planeta Marte está cerrado / Otro sueño cumplido, rock'n'blues en un club neoyorquino

La última vez que estuve dentro de una mujer fue visitando la Estatua de la libertad

Frase de Woody Allen de la película *Delitos y faltas (1989)*

Amanece para los de Toledo a las 8:20 de la mañana. Me incorporo bastante descansado y es que, creo que hoy, es el día que más he dormido. Vuelve a ser lunes, pero no me importa. Podría acostumbrarme a esta vida. ¡Pobre Paris Hilton!, qué mal debe pasarlo al viajar sin parar y estar siempre de vacaciones… ¡y con dinero!.

Tras desayunar, vamos rápidamente al sur de Nueva York, a **Battery Park**, donde están los muelles para coger los ferries (que al igual que el metro, funcionan durante 24 horas). Decidimos pillar un taxi, para ganar tiempo, pero nos cobran 16,50 dólares, aunque dividido entre cuatro, es asumible. El gasto del transporte compensa con el viaje de ida y vuelta en ferry, que nos sale gratis con la New York Pass.

La incorporación a los barcos es lenta, ya que hay colas para subir y bajar. Nuestra intención es montar en el que va a la "España de la Libertad",

219

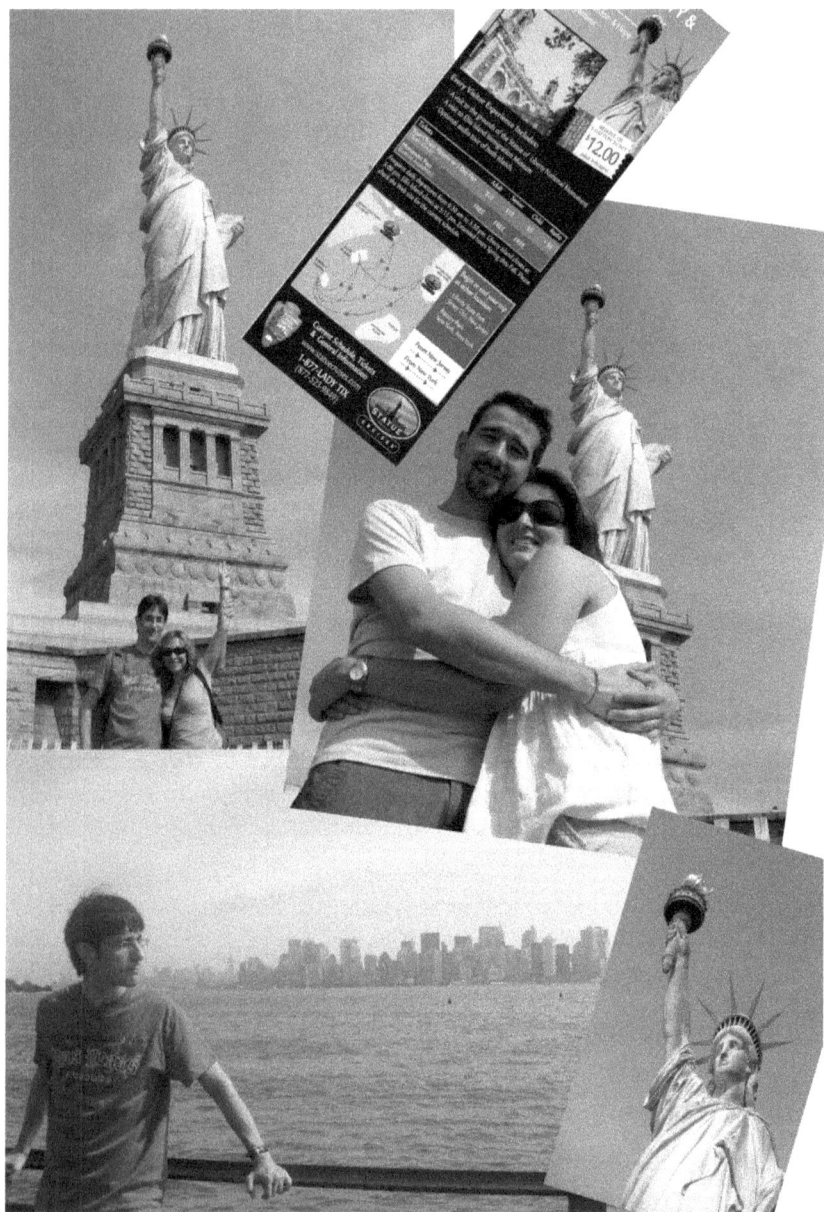

como bautizó Susana a la famosa estatua, en un divertido lapsus, mientras circulábamos por las calles de Las Vegas[67].

Ya en ruta hacia Liberty Island, nos situamos en la parte superior derecha de la embarcación o, como dirían los marineros, en la proa y a estribor. Las vistas son estupendas y podemos apreciar, de nuevo, la grandeza de la isla de Manhattan (con esa aglomeración de edificios, cual velas en una tarta de cumpleaños[68]), pero esta vez desde el nivel del mar y en la desembocadura del río Hudson. Vuelve a pasar por mi mente la pregunta de cómo se vería el skyline desde aquí si existieran las torres gemelas y de nuevo me entristezco un poco.

La primera parada es la *Isla de la Libertad*, donde está ubicada una de las más célebres figuras del mundo, quizá la más renombrada. Esa corona puntiaguda, la antorcha dorada, la tablilla de la ley... todo me parece cinematográfico, al igual que la mayoría de lo visto en este viaje. Sé que me repito, pero es así.

Las chicas dicen que están decepcionadas, ya que se la imaginaban más alta, pero a mí me encanta porque llevo viéndola desde que nací (aunque sea a través de la pequeña pantalla) y ya dudaba hasta de su existencia. Esta sensación se repite todo el tiempo en esta ciudad. De niño, cuando veía Superman (las películas de Christopher Reeve, por supuesto) los rascacielos, el puente de Brooklyn, la estatua de la libertad iluminando el mundo, todo me parecían escenarios que servían de atrezzo a la historia contada. Pero estando por fin aquí, observando con mis ojos los supuestos decorados y con la música de la banda sonora del famoso superhéroe retumbando en mi mente, me siento parte de la mágica filmación y, de vez en cuando, miro hacia arriba, creyendo ingenuamente que quizá tenga la suerte de atisbar una silueta humanoide surcando los cielos. Con estos sentimientos de nostalgia y admiración, me da igual que el tamaño de la mole no sea tan grande como se sospechaba desde lejos.

---

[67] Página 89.
[68] También me recuerda a la portada del disco de Supertramp de 1979, *Breakfast in America*, en el que la gran manzana está formada por cafeteras, saleros, cajas de cereales y leche, teteras, tazas, etc.

222

Paseamos alrededor de la edificación, rodeando toda su estructura. La fila para entrar es interminable y eso que solo es posible acceder al pedestal. Se puede hacer una reserva previa o hay que respetar el orden de llegada. Para visitar el interior de la corona hay que pillar entrada con muchos meses de antelación. El limitado espacio y la amenaza de atentados terroristas, han hecho que se restrinja muchísimo el número de turistas, generando listas de espera exageradas. Al menos, se puede volver a subir ya que, durante 8 años y hasta este 2009, había permanecido prohibido el acceso. Recuerdo consultar esto por internet, unos ocho meses antes de venir a Estados Unidos, y ya no había plazas disponibles para estas fechas (solo 240 personas por día en grupos de 10). Así que, si uno quiere emular a Michael Jackson en el videoclip *Black Or White*, hay que preparar todo con mucho, mucho tiempo. Tampoco nos perdemos demasiado, creo, ya que hay que subir por una escalera de caracol con 354 peldaños, la temperatura interior es muy elevada y, una vez arriba, no se aprecia el skyline de Manhattan, ya que la cabeza está orientada hacia el océano. Estoy seguro que hay demasiada gente que piensa que su vista está fija en la inmensa Nueva York.

Como todo el mundo sabe, al menos los que hicimos la E.G.B., jejeje, la figura fue un regalo de los franceses a los norteamericanos en 1886, para celebrar el centenario de la declaración de independencia de los Estados Unidos (es el presente más costoso de la historia). Para trasladarla, se dividió en 350 piezas. Mide 46 metros y pesa 225 toneladas. La base sí se construyó directamente en suelo yanki. Fue lo primero que veían los inmigrantes europeos al llegar al país, tras atravesar el Atlántico. Sin embargo, pocos conocen que la estructura interna la ideó el afamado Gustave Eiffel (la talla fue obra del escultor Frédéric-Auguste Bartholdi).

No se me olvida la primera vez que estuve en París y pude ver la estatua homónima original, en una pequeña isla al lado del río Sena, con tan solo 11 metros de altura frente a los 93 de esta (desde el suelo hasta la antorcha). De manera egoísta, me pregunto por qué los franceses no habrían regalado la pequeña y se habrían quedado con "la buena". A día de hoy y viendo las rencillas existentes entre unos países y otros, me lo sigo cuestionando.

Me hubiera quedado aquí horas, sin moverme, escrutando simplemente todos los detalles de esta maravilla, al igual que en Colorado o Niágara. Pero seguimos la ruta planificada, cuya segunda parada es ***Ellis Island***, donde se

223

MUSE◉M
THE NEW YORK CITY POLICE MUSEUM

6 feet

5 feet

feet

NEW YORK CITY
POLICE MUSEUM
#68476934

6 feet

5 fee

fe

NEW YORK CITY
POLICE MUSEUM
#68476934

"behind bars."
Criminals
e criminals that

NEW YORK CITY
POLICE MUSEUM #
#68476934

5 f

4 fee

encuentra el museo de la inmigración, que cuenta la historia de aquellos que desde 1900 llegaron a la tierra prometida buscando mejor suerte.

Estoy demasiado cansado, la espalda empieza a lamentarse y me quedo sentado, mirando cómo el resto dan una vuelta por el lugar. Aunque no le veo mucho interés a este sitio, me parece curioso que puedas buscar un familiar o antepasado a través de varios árboles genealógicos. También hay una distribución de mapas en función del país de origen, sexo, etc.

A la vuelta a los muelles de Battery Park, con menos gente embarcada, ocupamos la parte superior izquierda (en proa y a babor). Las vistas de Manhattan siguen siendo excepcionales. El viento, que nos golpea en la cara, es gratificante y nos despeja un poco tras el calor soportado en las islas.

Ya es hora de comer y entramos en un McDonald's. Para ingerir algo distinto a lo que suelen ofrecer estas cadenas de restaurantes, me pido de nuevo una hamburguesa de Angus, acompañada por bacon y queso.

Con el buche lleno, nos acercamos a una antigua comisaría donde se encuentra el **Museo de la Policía de Nueva York**, situado en el primer distrito de la ciudad. Actualmente, este cuerpo cuenta con 40.000 oficiales. Lo más emocionante se encuentra, sin duda, en la exposición dedicada a los atentados del 11 de septiembre de 2001. Entre muchas otras cosas, hay armas derretidas de policías fallecidos en las torres, fotografías y videos bastante impactantes. En estos ocho años que han pasado tras este terrible suceso, pensé que ya había visto todas las imágenes posibles del mismo, pero no, ya que muchas de las que aquí se exponen aún me sorprenden, especialmente, los videos de cámaras a pie de calle o en el interior de comercios. En uno de ellos se aprecia, con nerviosismo, cómo una enorme nube de polvo y escombros avanza velozmente hasta dejar todo a oscuras. Cuando vuelve la luz, lo cierto es que apenas se ve, pues no existe casi claridad. Todo es gris, incoloro y parece que el mundo se ha convertido en una película en blanco y negro.

En el "Hall de los Héroes" se rinde homenaje a todos los oficiales que perdieron la vida mientras estaban de servicio y, en particular, a los 23 agentes que murieron el 11 de septiembre. En otra planta hay armas pertenecientes a criminales horrendos.

Disfrutamos de los coches patrulla, donde nuestras chicas nos cachean con cariño, de las celdas típicas de esas pelis, donde el sheriff del pueblo te hace pasar la noche por emborracharte y armar jaleo, y nos fotografiamos para ser fichados, de frente y de perfil, como vulgares delincuentes.

Son las tres de la tarde y, es maravilloso, aún queda mucho día por disfrutar. Le toca el turno ahora a **Human Bodies**, una polémica exposición que estaba en Las Vegas y que ahora no vamos a dejar escapar. He leído bastante sobre la controversia generada por este museo itinerante, ya que los cuerpos humanos exhibidos son reales. Los obtienen gracias al gobierno chino ya que, en ese país, un cadáver no reclamado pertenece al estado, el cual lo puede utilizar para la investigación o incluso para su venta.

Se disecan a través de la técnica de la plastinación, que los preserva de su descomposición. El proceso, creado por el alemán Gunther Von Hagens (también conocido como Doctor Muerte) reemplaza el agua y la grasa de las células por acetona y plásticos, como el poliéster o la silicona. Aunque los difuntos fueron donados por la policía china, no se sabe si son de prisioneros a los que han torturado y ejecutado. Todo esto otorga al museo un morbo aún mayor.

Las palabras para definir lo que se siente aquí, se agolpan desordenadas en mi cabeza, ya que, al mismo tiempo, experimentas asco, curiosidad, repugnancia e interés motivado por la ciencia. El sistema óseo, muscular, nervioso, circulatorio, digestivo, etc., aparecen con una claridad espantosa. Los cuerpos están troceados en láminas, como rodajas de una naranja, para que pueda verse cada capa al detalle, con sus músculos en tensión, venas, arterias y capilares. Es como analizar los libros de anatomía del colegio, con la diferencia de que esto no son dibujos. No, esto no es el muñeco aquel de plástico de la clase de ciencias con el que te divertías sacando y metiendo los pulmones, corazón, hígado, etc. Saber que los protagonistas de la exhibición alguna vez estuvieron vivos, da bastante mal rollo. Tampoco ayuda ver las figuras saltando, jugando al baloncesto o cual Discóbolo de Mirón. Lejos de dar rigor científico, creo que no dignifica a los que, antaño, fueron seres humanos.

Susana no aguanta mucho y mientras los demás nos paramos en cada estampa para ver todo con detenimiento, ella va mirando a gran velocidad, pasando de sala en sala sin entretenerse.

Cuando pienso que he visto lo peor, aún queda la zona de los fetos metidos en tarros, donde se muestra el avance de una gestación, mes a mes. Susana ya nos ha advertido de ello, desandando camino y con ganas de marcharse de aquí. Otra sección muestra órganos con enfermedades como, por ejemplo, unos pulmones negros de un fumador. Al lado, en una urna, se pueden echar paquetes de cigarrillos, por si algún visitante se arrepiente de su vicio al ver aquello. No hace falta haber estado aquí para confirmar que el recipiente... está lleno.

Acabamos la exploración con las tripas un poco revueltas y damos un garbeo por la zona de tiendas del puerto en *South Street Seaport*. Tengo que hacer pequeñas paradas cada cierto tiempo para aminorar el dolor de las plantas de los pies.

Más tarde, llegamos al célebre *Puente de Brooklyn*, otra visita obligada y, por supuesto, muy anhelada. Construido entre 1870 y 1883, une los distritos de Manhattan y Brooklyn. Mide 1.825 metros de largo y fue en su momento el puente colgante más grande del mundo, y el primero con cables de acero. Tiene cuatro carriles para la circulación de vehículos en cada sentido, ocho en total. El tráfico es copioso y continuo. También hay varias vías para peatones, pero hay tantos runners, ciclistas y gente variopinta, que hay que seguir un orden y respetar la dirección de cada carril.

Caminando con tranquilidad, llegamos hasta el centro del viaducto. En este momento, tengo que sentarme otra vez porque mi espalda no da para más. El dolor se hace muy intenso. Da rabia estar en una de las capitales más deseadas del planeta y que el cuerpo no te responda, pero preveía que podía tener problemas físicos debido a las dificultades que me está causando mi escoliosis en los últimos años.

Se observa desde aquí un skyline de la ciudad muy bonito, con un zeppelín volando, que nos regala una panorámica estupenda. A pesar de lo emblemático del lugar, afean la estampa los hierros y el metal de la estructura, cayendo por todos lares. El abundante cableado también es extraño. Cada alambre parece una gruesa tubería que casi no puedes abarcar

con un abrazo de lo oronda que es. En algunas partes, hay tanto cable cruzado que parece que se forman telarañas.

Con mi columna vertebral llamándome la atención, es absurdo andar los casi dos kilómetros de puente, así que damos la vuelta para continuar descubriendo otras maravillas.

Por nuestra situación, es de obligado cumplimiento acabar en la Zona Cero del **World Trade Center**, donde una vez estuvieron erguidas, desafiantes y orgullosas, las enormes torres gemelas. Se inauguraron en 1973 y, en ese momento, eran las construcciones más altas del planeta, con 110 pisos cada una. Carlos y Marta nos contaron que, en su anterior visita, aún se apreciaba un enorme agujero del que seguían extrayendo escombros. Ahora, ya están a nivel del suelo y no hay boquete alguno.

Vemos varios carteles con los futuros proyectos que se barajan para sustituir las famosas moles derruidas. Algunos son demasiado futuristas y otros parecen poca cosa, como los que contemplan un solo baluarte (el One World Trade Center, con 104 pisos). Se edifique lo que se edifique aquí, nunca suplirá el orgullo americano, ni mucho menos a las víctimas caídas, a pesar de prever la construcción de un memorial para todas ellas. Además de las célebres atalayas, quedaron destruidos en el atentado del 11 de septiembre de 2001, varios edificios colindantes que resultaron gravemente dañados y hubo que demolerlos.

Hay una estación de bomberos en el centro del lugar, entre Liberty Street y Greenwich Street. El camión que asoma por la puerta principal es, como todo aquí, igual que en las películas. Nos acercamos para observar los grabados de la fachada exterior, recordando a los valientes que perecieron cumpliendo con su deber. El homenaje, conocido como **FDNY Memorial Wall**, queda encabezado por una placa con el texto "May We Never Forget. Dedicated to those who fell and to those who carry on"[69]. Debajo de la misma, están los nombres de los fallecidos. Uno de los personajes con relieve, cincelado en la pared, deja escapar sus dedos y, admiradores anónimos, han dejado anillos, pulseras y colgantes a modo de obsequio. Lo que me resulta más curioso es que nadie se los lleva, estando al alcance de

---

[69] Para que no olvidemos nunca. Dedicado a todos aquellos que cayeron y a aquellos que quedaron.

cualquier energúmeno. Miedo me da pensar cuánto durarían a la intemperie en España. Supongo que lo que tarde uno en girar la cabeza. Por desgracia, vivo en un país en el que no se respeta nada, ni siquiera la memoria de los difuntos.

El emplazamiento está lleno de grúas de todos los tamaños, sirenas que avisan del movimiento de maquinaria, polvo que se levanta, etc. En definitiva, esto es una obra que parece que finaliza, pero en realidad, acaba de comenzar.

Vuelvo a arrepentirme, con pena, por no haber podido ver esos dos colosos que se levantaban aquí hace ocho años. El panorama desde arriba debía ser lo más cercano a creerse Dios. Ya nunca podré tomar una copa en el restaurante Windows on the World, que estaba en los pisos 106 y 107 de la atalaya norte. ¿Qué debió sentir Philippe Petit cuando en 1974 cruzó por un cable clandestino instalado entre las Torres Gemelas?. No sé si alguna vez se construirá una Babel de ese tamaño, pero para nosotros, en 2009, es ya demasiado tarde[70].

Es inevitable no marcharnos de este rincón con semblante serio, pensando en lo que ocurrió aquel 11 de septiembre y, en mi caso, lamentando que no le diera importancia, puesto que era un ataque al odiado imperialismo americano. Pisando este suelo, uno se da cuenta de que murieron personas como tú y como yo, trabajadores cuyos sueños de una vida estable al lado de su familia, son compartidos por todo el planeta, con independencia del lugar de asentamiento, ideología o religión que se profese.

A continuación, saciamos el ansia consumista de las chicas visitando *Century 21*, uno de los outlets más famosos de la urbe. Tiene varias plantas divididas en secciones, con buenos precios en marcas autóctonas como Ralph Lauren o Calvin Klein.

Al igual que en el resto de tiendas, no se pagan impuestos en prendas y calzado que no superen los 110 dólares. Si la compra es mayor, hay que

---

[70] En la actualidad se hallan el National 9/11 Memorial, un museo, un parque, dos estanques y el rascacielos One World Trade Center, con 540 metros de altura.

añadir algo más del 8% de gravamen. Por desgracia, esta cantidad no nos la devolverán al salir del país, como ocurre en España.

Carlos y yo, aprovechamos que nuestras parejas están obnubiladas para llamar desde una cabina a John Peralta, de See USA Tours, personaje que nos había llevado al hotel el día de la visita a Niágara y cuya banda sonora automovilística nos había dado a conocer a Moreno Negrón con su "¡pero yo lo besé!"[71]. Nos dio su teléfono, por si necesitábamos algo en la ciudad de los rascacielos y le contactamos para ver si podía conseguir una limusina para dar una sorpresa a nuestras novias y llevarlas a cenar a un sitio muy especial. Al recibir la llamada, no se muestra tan amable y simpático como en persona, sino todo lo contrario. Está serio, algo antipático, poniendo pegas y nos ofrece unos precios demasiado caros como para plantearnos utilizar sus servicios. Recuerdo que por internet había visto vehículos de lujo, modelo Sedán de seis plazas, por 75$ la hora. Así que vamos a tener que descartar este preciado medio de desplazamiento.

Más tarde, cogemos por primera vez el metro dirección a Times Square. Las imágenes de la película The Warriors asaltan constantemente mi cabeza. He sido usuario de este transporte en Viena, Berlín, Praga, París y, tengo que reconocer, que la influencia del cine me puede al hablar del de Nueva York. Las estaciones, los grafitis, el andén, aportan unas pinceladas macarras y salvajes.

Times Square sigue siendo un hervidero de gente, a pesar de la hora. Me llama la atención un chico que está tratando de vender un cd de música propia a una hermosa mujer de color.

La idea es cenar en el **Mars 2112**, en el 1633 de Broadway, un bar ambientado en el planeta rojo. Se supone que es como montar en una nave espacial que te lleva al año 2112 de nuestra era. El local está rodeado de estalagmitas brillantes, rocas rojas y se puede disfrutar de las vistas de la Tierra y de cientos de estrellas. Tiene 3.100 metros cuadrados y cuando se inauguró en 1998, era el restaurante temático más grande del mundo.

Bajamos unas escaleras hasta un patio hundido que sirve como entrada y vemos un platillo volante incrustado en la fachada, pero también

---

[71] Ver página 195.

observamos con decepción que las puertas están cerradas. En mi obtención de datos previos para este viaje no recuerdo ver nada que indicara que el establecimiento no iba a estar disponible y, además, nos encontramos dentro de los horarios correctos de atención al público. Es una pena, tenía muchas ganas de una cena intergaláctica servida por extraterrestres en vez de camareros[72].

Así que las circunstancias nos llevan justo en frente, al *Iridium Jazz Club*, un garito que lleva abierto desde 1994. Una de las cosas que ansío hacer en Nueva York, sin excepción, antes de volver a Europa, es ver una banda de rhythm and blues en directo. Mi mayor deseo es que la experiencia se parezca al dvd *Live Blues 1993* del mítico Gary Moore. En él se ve un pequeño e íntimo club, con el público sentado alrededor de mesitas redondas y con un escenario con coristas, metales, pianista, etc. y con el gran guitarrista sudando la gota gorda y entregándose al 100%. Es curioso porque, a pesar de tener ese directo como referencia de local nocturno para vivir algo similar en la ciudad de los rascacielos, está grabado en Londres.

El ticket nos cuesta 30 dólares, y la cena y consumición otros 30 por cabeza, pero merece la pena. Bajamos unas profundas escaleras y nos sientan en una mesa en primera fila del escenario. De 22:00 a 22:40 horas, disfruto muchísimo de Les Paul Trio, herederos de Lester William Polsfuss, el creador de la mítica guitarra de Gibson. Los músicos de esta noche son John Colianni al piano, Lou Pallo al mando de una bonita Les Paul (como no podía ser de otra forma), Nikki Parrott al contrabajo y un segundo hacha llamado Frank Vignola. La mujer encargada de los graves también hace labores vocales e ilumina la sala con su belleza. No sabría decir cuál es su edad, pero su atractivo físico le quita muchos años. Reconozco que una fémina tocando un instrumento musical, derriba todos mis filtros.

Varios invitados hacen la velada más especial, apareciendo una chica negra que canta estupendamente o un trompetista que, usando una especie de sordina, nos mete en el bolsillo tirando besos a nuestras novias con el instrumento de viento.

---

[72] Aunque cerró definitivamente en 2012, en esas fechas debía estar abierto.

El repertorio es el esperado, incluyendo piezas de blues, soul y rock'n'roll. Reconozco *Mr. Sandman* de las Chordettes, el instrumental *Brazil* o la maravillosa *How High the Moon*, que me recuerda a la versión incluida en el disco *Héroes* de Los Rebeldes.

No puedo pedir más. Cierto es que no he escuchado solos como los de Gary Moore, ni ha aparecido B. B. King, ni ha sonado *Still Got The Blues* o *Walking By Myself*, pero no todos los días cenas y tomas unas cervezas en el corazón de Broadway, escuchando a unos músicos tan auténticos. Siendo tan melómano como soy, adorando tanto el rock, el blues y el heavy, y valorando a los grandes instrumentistas, tengo que reconocer que esta velada, es de lo más emocionante que viví en el país que inventó el rockabilly.

Otros "tugurios" muy recomendables para disfrutar de música en directo son el **Café Carlyle** (en el que actúa con frecuencia Woody Allen), el **Apollo Theater**, el **Hammerstein Ballroom** (mañana 25 de agosto tocan Counting Crows, aquella banda que se hizo tan famosa en los 90 con *Mr. Jones*), el **Bowery Ballroom** (estos días ofrecen un espectáculo de tributo a Michael Jackson, con grupos de rock), el **B.B. King Blues Club & Grill** (hoy tocan los míticos KC & The Sunshine Band, creadores de himnos de la música disco setentera como *Shake Your Booty, That's the way (I like it), Give It Up* o *Please Don't Go*), el **Birdland Jazz**, **55 Bar**, **Blue Note** o el **Beacon Theater**, donde el pasado 19 de agosto, cuando volábamos de la ciudad del pecado a la de las moles gigantes, tocaban Chikenfoot, superbanda formada por Joe Satriani, Chad Smith de Red Hot Chili Peppers, y Michael Anthony y Sammy Hagar, ambos de Van Halen.

A las once y media pedimos la cuenta y veo algo curioso en el ticket. Hasta ahora, la propina venía incluida en el mismo o podías escribirla a mano. En esta ocasión, ya había un concepto llamado Tip y otro por rellenar, con el nombre de Addl Tip, para añadir una cantidad adicional. Ha sido una experiencia tan placentera que no nos resistimos a dar cuatro dólares más.

Cuando llegamos al hotel, las plantas de mis pies arden y palpitan como si fueran a explotar. Las sumerjo durante unos minutos en agua fría en la bañera y me tomo un antiinflamatorio para calmar los dolores y poder continuar el ritmo al día siguiente.

CAPÍTULO 12 - DÍA XII: 25-8-09. Martes.

El espíritu de John Lennon / Dinosaurios en el Museo de Historia Natural / La selva de Central Park / Y se hizo el silencio / Los obsequios del búho de Hooters

Nos hicieron creer que cada uno de nosotros es la mitad de una naranja, y que la vida sólo tiene sentido cuando encontramos la otra mitad. No nos contaron que ya nacemos enteros, que nadie en nuestra vida merece cargar en las espaldas, la responsabilidad de completar lo que nos falta

John Lennon (1940-1980)

Dos días seguidos repetimos la hora de inicio de esta aventura: a las 8:20 nos levantamos. Hemos quedado a las 9:00 con Carlos y Marta. El desayuno en el *Café Manhattan* no es muy convencional y mi ingesta se centra en arroz, espaguetis y gambas.

El primer recinto que pisan nuestros doloridos pies es la tienda del canal de televisión *HBO* (Home Box Office), uno de los más populares del país. Aquí encontramos merchandising de series como Sexo en Nueva York o Sangre Fresca (True Blood).

Después, nos acercamos al bloque de viviendas conocido como *Edificio Dakota* (entre la calle 72 y Central Park). Su nombre se debe a que, cuando se inauguró, se hallaba muy lejos de Nueva York y se decía que parecía que estaba en Dakota (en la frontera con Canadá). Creo que es por todos conocido que fue residencia de John Lennon y Yoko Ono y que, en la misma puerta de entrada, fue asesinado en 1980 el líder de The Beatles, por un fan perturbado. Curiosa historia la de Mark David Chapman, quién pidió un autógrafo a John cuando salía de su casa y se quedó esperando su vuelta

237

Plano del Museo

AMERICAN MUSEUM & NATURAL HISTORY

durante varias horas, para recibirlo posteriormente, con cuatro balazos en la espalda.

De nuevo estamos ante un lugar que parece normal, aunque la fachada sea distinta a lo que los inmuebles nos tienen acostumbrados. Pero es la historia la que hace que esta ubicación nos haga sentir especiales. Aquí murió un icono de la música moderna, un genio único e irrepetible y, aunque la gente y los coches circulen con normalidad, parece que el tiempo se detiene unos segundos, y uno puede sentir un escalofrío en el cuerpo al pensar que se encuentra en el centro neurálgico de aquel homicidio.

También ayuda el pensar que es una finca conocida por sus múltiples leyendas sobre rituales de magia negra, apariciones fantasmales y diversas experiencias paranormales. Parece ser que no basta con tener dinero, clase y posición para adquirir una vivienda en este sitio, ya que los vecinos convocan una junta y valoran las peticiones de futuros propietarios. Si no aprueban tu solicitud, da igual que tengas pasta para comprar la casa, no podrás ocuparla sin su consentimiento. Por ejemplo, Antonio Banderas y Melanie Griffith no fueron aceptados en 2005. Algunos famosos que han residido aquí son Lauren Bacall, Boris Karloff, Judy Garland, Mia Farrow o el mago esotérico Aleister Crowley, a quién el edificio debe gran parte de su leyenda negra.

El primer museo del día es el de *Historia Natural*. Es uno de los más grandes del mundo. Está compuesto por 27 bloques conectados que albergan 46 salas de exposición, biblioteca, laboratorios, etc. De los más de treinta millones de especímenes con los que cuenta, solo una pequeña parte se exhiben a la vez. Las salas son muy amplias, sobre todo las que alojan esqueletos de dinosaurios y otros fósiles antiguos. Hay Triceratops, Tiranosaurios, Diplodocus, etc., incluso leemos en un cuadro una especie llamada Albertosaurus. Tenemos que hacer una foto para mandársela al hermano mayor de Marta. Estamos varias horas disfrutando de esta enormidad, pero nos dejamos muchas cosas pendientes, y es que tardaríamos jornadas en verlo todo.

Hay una zona dedicada al espacio y la astrofísica, llamada Rose Center for Earth and Space, con su planetario y una selva tropical africana, simulada en el Hall of Biodiversity, que sería fantástico pisar, pero a pesar de que entramos gratis con la New York Pass, no podemos estar aquí todo el día.

Comemos un combo de aros de cebolla y una hamburguesa a toda prisa, para aprovechar las horas de luz, en el *Columbus Gourmet*. Es alucinante el contraste entre Carlos y yo. Él puede sobrevivir con las gotitas de agua de una jeringuilla durante horas, mientras que yo no paro de beber y, aun así, siempre tengo sed. Estamos a punto de irnos del bar donde comemos y, conteniéndome para no pedir otra bebida, casi me tomo una medicina de Carlos. Cuando uno está continuamente sediento, es fácil confundir líquidos.

Pasamos ahora por una tienda de calzado para comprar unas botas especiales de senderismo o trekking, que Carlos necesita para su próxima aventura a pie. Será el camino de Santiago, pero en solitario.

Creo recordar que damos una pasada por los almacenes *Filene's Basement*[73], pero no lo tengo bien documentado y no sé qué compramos, ni el tiempo que pasamos allí. Demasiadas tiendas provocan que mi mente se sature y no distinga entre grandes, medianos o pequeños almacenes.

Seguimos en el barrio *Upper West Side*, el cual tiene fama de albergar judíos e intelectuales, y donde las viviendas no son muy altas. Son como pequeñas casitas con bajos muy populares, vistos en muchas series de televisión. Parece que hemos salido de la gran ciudad y nos hallamos en un discreto pueblo de las afueras.

Cuando estamos a punto de llegar al Museo Metropolitano y al de la Ciudad de Nueva York, nos damos cuenta de que cierran a las 17:00 horas y son ya las 16:35. Así es, aquí chapan muy temprano. Si los españoles somos poco de ir a museos, si encima clausuran a las 5 de la tarde, ya es poner las cosas muy, muy difíciles para convencernos.

Cambiamos por tanto de planes y nos metemos en la maravillosa selva de *Central Park*. Nada más entrar pasa algo mágico. El ruido de fondo que no cesa, parecido al de una máquina monstruosa funcionando a pleno rendimiento y que se escucha incluso durante las horas nocturnas,

---

[73] A principios de 2012 cerraron definitivamente sus puertas, aunque no sé con exactitud si las de este local o las de los 3 que tenía en Nueva York.

desaparece de golpe al avanzar por el interior de la vegetación. La calma propicia que percibamos hasta silbidos de pájaros. Es fácil relajarse, pasear, e incluso hace más fresquito que en el exterior de la "jungla".

El recinto, terminado en 1873, es casi dos veces más grande que Mónaco y casi ocho veces más que Ciudad del Vaticano. Ocupa 4 km de largo por 800 metros de ancho y recorre 50 manzanas. En invierno hay dos pistas de hielo para patinar en Wollman, hay un zoo con un bosque pluvial lleno de aves tropicales y un hábitat frío que simula el Antártico; está el castillo medieval Belvedere, el Concert Ground y el Naumberg Bandsshell (escenario dedicado a la música en directo); el embalse Jacqueline Onassis, varios lagos artificiales, el famoso restaurante Tavern of the Green (lugar muy romántico y cinematográfico, aunque caro); el jardín de la paz llamado Strawberry Fields (que rinde homenaje a John Lennon y The Beatles); la sede del Shakespeare Festival, donde Paul Simon hizo en 1991 un concierto que congregó a más de setecientos mil espectadores y muchas más cosas por descubrir.

Puedes alquiler una bici para recorrer el parque o ir en plan lujo con una calesa de dos ruedas tirada por caballos. Nosotros usamos las piernas y cruzamos pasando por uno de los lagos, comiendo un helado, mirando los botes de remos con sus parejas, pisando el famoso puente Bow Bridge, que aparece en tantas películas románticas, o el ángel de la fuente de Bethesda. Hay mucha gente haciendo deporte, corriendo, en bicicleta y varias cámaras de programas de televisión. También hay conciertos de todo tipo, sobre todo en verano.

Desde dentro se ven muy cerca los rascacielos típicos de los Cazafantasmas, con aspecto más antiguo, con la parte de arriba dividida en distintas capas y niveles, a lo "minas Tirith"[74] y rodeados de un halo de misterio.

Hay otros parques famosos en la ciudad como **Bryant Park**, donde se proyectan películas por la noche, se practica tai chi, yoga, hay recitales de piano, etc., o **Prospect Park**, a la orilla del lago de Brooklyn. El invierno en

---

[74] Ciudad de J. R. R. Tolkien, capital del reino de Gondor y que se menciona en El Señor de los Anillos.

Nueva York es muy duro y extremo, por eso cuando llega el buen tiempo, hay muchísimas actividades al aire libre y la mayoría gratuitas.

Cuando salimos de la frondosa y agradable vegetación acabamos en la tienda Apple y nos ponemos al día con el correo.

Mi hermana Mária me llama por teléfono camino de Hooters. También está haciendo las Américas, pero de manera muy distinta pues se encuentra en Bolivia participando en un proyecto de ayuda humanitaria. Me pregunta por la boda en Las Vegas que nunca ocurrió y le pongo al día de nuestras vivencias. Me quedo un poco preocupado porque dice que en la selva ha pillado una diarrea muy fuerte y se ha quedado muy delgada, algo que ni siquiera ha contado a mis padres para no preocuparles.

A mi pariente le ha pasado todo lo contrario que a Susana, que lleva muchísimos días sin ir al baño y, como no estamos lejos del hotel, opta por probar suerte para ver si se quita el malestar general que le persigue.

El resto llegamos a *Hooters*, cadena de restaurantes enfocada a la clientela masculina por tener camareras muy atractivas enseñando escotazo y piernas. En Las Vegas había un casino de esta franquicia, pero pillaba algo retirado del strip y no llegamos a visitarlo.

Aunque sorprende que este tipo de locales machistas funcionen o se permitan, en EE.UU. están proliferando negocios cuya política es exhibir a la mujer lo máximo posible, con falda corta escocesa, o en ropa deportiva.

La comida de este garito es la típica yanki: hamburguesas, sándwiches, pollo y, como especialidad, las buffalo wings. Estoy a punto de probar estas alitas de "tatanka", pero como en la carta pone que pican, nadie se atreve a pedirlas conmigo, algo que ya nos ha pasado en el bar Heartland Brewery.

Así que nos decantamos por las alas de pollo clásicas. Me tomo una cerveza Blue Moon que me recuerda a la Shandy, por ser muy cítrica y refrescante, y por parecer más un refresco que una birra. También disfruto de una Fosters, rubia australiana que hace mucho que no bebía.

Nos atiende una guapa chica de color llamada Gabrielle. Hay mujeres llamativas, como esperábamos, otras muy exuberantes, aunque un poco por debajo de las expectativas que nos habíamos creado. La música de fondo si es de calidad, con Bon Jovi o Red Hot Chili Peppers.

243

Susana consigue ir al baño y hacer lo que tenía que hacer. Al menos eso entendemos cuando nos llega un mensaje al móvil con la frase "misión cumplida". Aparece más tarde por el local y se le ve en la cara que no ha tenido buen día. Su rostro denota cansancio, esfuerzo y sufrimiento, por suerte ya pasado.

Nos hacemos una foto con Gabrielle, que posa con sonrisa picarona, demostrando que le gusta más hacerse fotos con el personal que servir mesas. En el ticket con la cuenta nos pinta a boli dos caras sonrientes, un "thank you" y un corazón. ¡Cómo se lo curran para conseguir propinas!.

Al salir, seguimos usando la cámara en el letrero del famoso búho (con los ojos ojipláticos, emulando unos pechos generosos) que es el icono de la franquicia y un texto que vende alitas, gambas y ostras cocidas.

De vuelta al hotel, las chicas pasan por un comercio de los abiertos 24 horas para comprar cremas y cosas así. Mientras, Carlos y yo damos buena cuenta de una Samuel Adams en la barra del hall. Tras una hora, sobre las 23:00 horas, regresan.

Una ducha placentera, una pequeña charla y la preparación de la ruta del día siguiente hacen que hasta las 24:30 no sucumbamos a los efectos del cansancio. Mis piernas y plantas de cada pie vuelven a estar doloridas, aunque menos que otros días. El haber hecho pequeños descansos cada cierto tiempo y no uno largo cuando ya no puedes más, influye positivamente en el resultado final.

CAPÍTULO 13 - DÍA XIII: 26-8-09. Miércoles.

Egipto en pleno Nueva York / La chupa de mis sueños, convertida en pesadilla por Donna Karan / Cena de altos vuelos bajo la noche de Manhattan / La lluvia nos deja sin una copa en la terraza de un rascacielos

Hay un superhéroe dentro de todos nosotros, solo necesitamos el coraje para poner la capa en la espalda

Frase de la película *Spiderman* (2002)

A veces primero tienes que dar un salto de fe y luego viene la parte de la confianza más tarde

Frase de la película *Superman, el hombre de acero* (2013)

Hoy nos levantamos más tarde, a las 9:20 y quedamos con Carlos y Marta a las 10:00 horas.

Vamos directamente en metro a la llamada "milla de los museos" (en la Quinta Avenida, entre las calles 84 y 104). En algo más de kilómetro y medio, al este de Central Park, se encuentran muchas de las mejores pinacotecas de las 150 con que cuenta Nueva York: el Guggenheim, el museo metropolitano, el Smithsonian Cooper-Hewitt, el Whitney Museum of American Art, el Moma, etc. La New York Pass da acceso gratuito a un montón, así que la tenemos bien a mano.

Empezamos donde nos quedamos el día anterior, en el **Museo de la Ciudad de Nueva York**. Como su nombre indica, repasa la historia de esta urbe desde su creación hasta nuestros días. Cada época se recrea con fotografías, cuadros y objetos variados, proyectando además películas que se

246

repiten cada media hora.

Tras patearlo, no me parece imprescindible, pero si me gusta un video con imágenes interesantes de cuando Manhattan era todo bosque y lo habitaban tribus indias. Se puede apreciar paso a paso la evolución humana, dando cada vez más protagonismo a los edificios frente a la vegetación. Conociendo su contenido, creo que no volvería, y menos si tuviera que pagar.

El que si me encanta es el *Museo Metropolitano de Arte* (MET). Es amplísimo y da para estar varios días descubriendo las salas medievales, las griegas y romanas o las de arte bizantino y asiático. Posee dos millones de obras de arte que abarcan 5.000 años de cultura mundial. Se exhiben obras maestras de la pintura y escultura de genios como Rembrandt, Degas, Van Gogh, Matisse, Velázquez, Picasso, Rafael y también del Greco; hay armaduras y armas del medievo, arte africano, americano y asiático, fotografía contemporánea, etc.

La zona que más me gusta, sin duda, es la dedicada a Egipto, con estatuas a lo Abu Simbel o la recreación de pequeños templos rodeados de agua. Aprovecho las figuras sin cabeza para hacerme fotos por detrás, a lo faraón, suplantando deidades con mi efigie terrenal. Algo tiene esta cultura milenaria que me atrae tanto. Merece la pena empaparse de todo esto, aunque no estemos en el Louvre.

Comemos algo en el típico local con buffet variado (*Silo Café*) y aprovecho para tomar pasta, ensalada y, de postre, sintiéndolo mucho, la característica fruta seca neoyorquina.

Se acaba la parte del día dedicada a la cultura y las chicas nos arrastran al apartado consumista. Para ello, cogemos el metro y vamos a los bazares *Macy's*. Esto sí que es una locura para las mujeres y una perdición para los hombres. Sus dos edificios conectados entre sí, con 11 pisos, dan buena cuenta de lo afirmado. Ocupa toda una manzana en Herald Square y es tan grande que cuesta encontrar lo que buscas. Al menos no estamos en navidad, que es cuando parece que se vuelve intransitable. Desde 1924 se le considera el centro comercial más grande del mundo, aunque actualmente está a la par con los almacenes Harrods de Londres.

Miro ropa vaquera, pero no encuentro camisas. Tiene que haberlas por algún lado, pero no quiero pasar aquí todo el día. Las zonas más antiguas tienen escaleras mecánicas de madera, muy curiosas y más estrechas de lo normal. Parece que no han cambiado nunca desde que se inauguraron en 1902 y es que algunas da miedo pisarlas, pues la sensación es de que van a partirse por la mitad.

De repente, veo una chupa de cuero como siempre he deseado. Muchas veces he visto las típicas heavies que me han parecido demasiado llamativas, sobre todo las que llevan flecos, tachuelas o cadenas y en el otro extremo, cazadoras más pijas y estilizadas. Pues bien, tengo ante mí la chupa más guapa que haya visto nunca. Está en el punto medio perfecto, siendo rebelde, rockera y macarra, pero a la vez discreta y algo seria. Mis ojos dejan de chispear cuando veo el precio… 1.770 dólares, que para mí son 1.770 dolores. El que la prenda sea de la marca Donna Karan habrá añadido mil pavos al precio, por lo menos. Esto me hace pensar en las modas de hoy, donde todo se mezcla sin pudor. Antes había iconos muy significativos asociados a ciertas tribus. Hoy puedes encontrar calaveras en prendas de alta costura, e incluso el logo del águila de los Ramones o de AC/DC, con purpurina y florecitas. No importa tampoco que vistas una camiseta con la lengua de los Rolling Stones sin haber escuchado nunca una de sus canciones, o una de Kiss creyendo que es de la emisora de radio. Para olvidarme de ese momento de crítica a la sociedad consumista, voy a lo práctico, a lo que me sirva para el curro, y me compro algo de ropa seria en Timberland, para impartir mis cursos de formación con la imagen adecuada.

Durante mi estancia en U.S.A. también busqué la cazadora de piloto que llevaba el loco Murdock, en la serie El Equipo A. Quien no la recuerde, le diré que era una chupa de aviador militar color marrón, con el texto "Da Nang 1970" a la espalda y la cabeza de un enorme tigre de bengala enseñando los colmillos. En fin, tenía esperanzas de localizarla, atendiendo al dicho de "si no lo encuentras en Nueva York es que no existe", pero así debe ser, porque no vi nada parecido en ningún sitio[75].

Después me voy con Carlos a ver el **Madison Square Garden**, que está al lado de Macy's. Es un lugar mítico para el deporte y la celebración de

---

[75] Las que luego he encontrado en internet, se parecen de lejos y el tigre es realmente feo.

espectáculos. Conocido como "la arena más famosa del mundo", presenta más de 600 shows al año. Su cancha de basket se convierte en pista de patinaje sobre hielo. Veo desde el exterior una gran pantalla de plasma que anuncia eventos próximos: baloncesto, boxeo y conciertos interesantes como el de ZZTop y Black Sabbath… es una pena no estar en esas fechas.

Pasadas casi tres horas desde que nos separamos, aparecen nuestras parejas. Ya estamos aburridos viendo a la gente en la calle, haciendo aerobic con percusión. Como es de esperar, a las chicas nos les parece tanto tiempo tres horas. ¡Porca miseria!. Espero que hayan aprovechado el descuento del 10% que hacen a turistas extranjeros solo con presentar el pasaporte.

Volvemos pronto al hotel, sobre las 19:00 horas. Esta excepción se debe a que tenemos una sorpresa preparada para Marta y Susana, y no podemos retrasarnos. Les hemos dicho que hay que ir elegantes, así que nos duchamos y acicalamos para estar más presentables y no parecer guiris descuidados.

Nuestras novias se muestran expectantes y curiosas. Marta cree que vamos al B.B. King Club o a algún garito musical y Susana airea su falta de paciencia en estos casos, poniéndose muy nerviosa. Lástima que no pudiéramos alquilar una limusina ni llamando al amigo John Peralta, porque hubiera sido acojonante ir todos a cenar en un vehículo tan lujoso.

A las 20:00 horas pillamos un taxi para Times Square. Hay mucho tráfico, pero otros días es mucho peor. Hay estudios que hablan de que la velocidad media en la Gran Ciudad es de diez kilómetros por hora yendo en coche y de 48 kilómetros por hora viajando en taxi.

Accedemos al hotel *Marriott Marquis*, en plena calle Broadway y en una localización privilegiada. El hall espacioso, el ascensor acristalado (que se eleva hasta la planta 49, dejando ver el recibidor en todo su esplendor) y la entrada al bonito restaurante llamado *The View*, hace que nuestras acompañantes se derritan. La mesa está al lado de las ventanas y podemos disfrutar del anochecer sobre la ciudad de los titanes, apareciendo miles de luciérnagas, poco a poco, en las cristaleras de los inmuebles.

Nos atiende un camarero llamado Luis que nada más escuchar el acento de Carlos nos responde en castellano.

- ¡Joer!, ¡así es imposible practicar el idioma! – responde este último.

En Nueva York no es tan exagerado como en Las Vegas, pero en los comercios, bares, hoteles, etc., es fácil encontrar a alguien que sepa español. Tomamos salmón, codorniz, cordero y pez raya, entre otras exquisiteces. La comida es deliciosa, aunque para mis ansias, es un poco escaso el tamaño de las raciones. Estamos todo el día andando y tengo más gusa que nunca. El precio es asequible, aunque pedimos unos cócteles con vodka, frambuesas, fresas y blueberrys, y aquí es donde nos pegan el sablazo. No nos arrepentimos, una oportunidad así no se tiene a menudo.

Parece que la sorpresa ha quedado aquí, que es un restaurante bonito, bien situado en el techo del mundo… pero no. Bien avanzada la cena, Marta y Susana se dan cuenta de lo mejor… ¡el edificio se mueve!. Así es, salvo el eje central y el techo, todo el recinto es giratorio, lo que pasa es que se mueve con tanta lentitud que apenas es perceptible si uno no se fija muy bien. De hecho, tarda alrededor de una hora en dar una vuelta completa.

- Ya me parecía raro que la torre que tenía delante, a los pocos minutos estuviera más a mi derecha. Pensé que me estaba quedando tonta por el cansancio – explica Susana.

Con la oscuridad de la noche envolviéndonos, el decorado queda precioso, con las luces destacando la silueta del Empire, el Chrysler, Times Square, etc. Hay una pequeña columna que desentona un poco. Sin ella, la visión sería completa. Llegamos a palpar la magia de este lugar, como si fuera algo tangible. La luz tenue, el ambiente íntimo, el trato exquisito, la música de big band, todo es idóneo. Hay hasta personal en el baño que te acerca una toalla de papel y que, por supuesto, espera una propina, pero es que a mí con buenas formas me ganan seguro. ¿Y qué es un dólar estando de vacaciones?, y más cuando el euro tiene, actualmente, un valor tan poderoso.

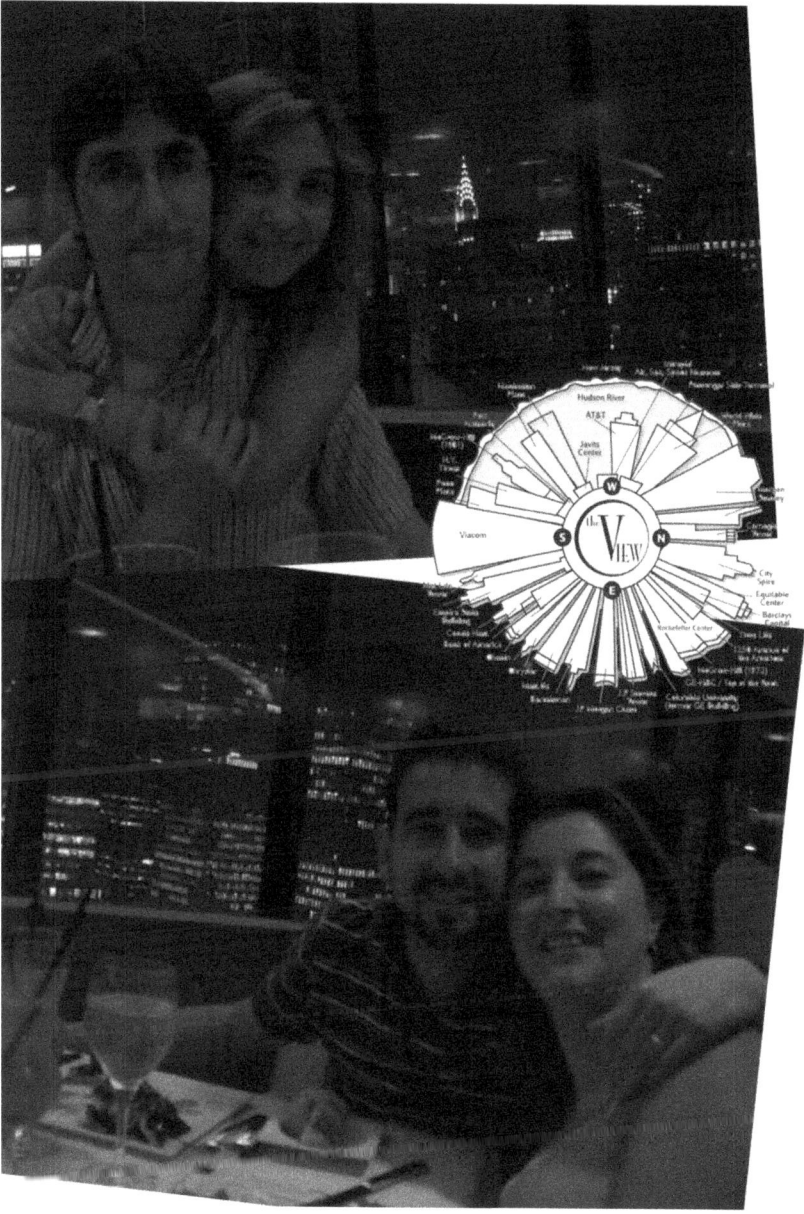

No todo sale perfecto, puesto que empieza a llover y descartamos acercarnos al *Broadway Lounge*, una azotea acristalada al aire libre con cómodos sofás y vistas espléndidas a las pantallas de Times Square. Al volver a la calle, cerca de las 23:00 horas, el agua cae con más intensidad y nos resulta complicado parar un taxi. Hay mucha gente que sale, al mismo tiempo que nosotros, de varios musicales que están en cartelera en Broadway[76] y se abalanzan sobre los vehículos amarillos como lengua de camaleón sobre insecto. Aquí no se respeta el turno u orden de colocación sobre la acera y, como te descuides un momento, te arrebatan el transporte con una clase y determinación digna del propio Sinatra.

Cuando regresamos a nuestro hotel, la idea es subir al *Mad46*, una terraza similar al Lounge del Marriott Marquis y que llevamos días con intención de visitar. Tomar una copa al aire libre, a la luz de las estrellas y de los rascacielos colindantes, es algo que no podemos perdernos. Pero nos ponemos a dar vueltas sin encontrar el acceso. Cruzamos pisos bajos, pasillos, usamos ascensores y, tras mucho "hotelear", llegamos a la puerta de entrada que ¡por Woody Allen!, está cerrada por las inclemencias del tiempo. Sigue arreciando la lluvia en el exterior y no puedo evitar maldecir a todos los dioses de la tormenta que me vienen a la cabeza, desde Júpiter a Seth, pasando por Thor y su puta madre.

Así que a las 24:20 nos vamos a la cama. Es más que obvio que, tras la invitación al restaurante The View, nuestras partenaires quieren agradecernos tal detalle. Como soy un caballero, no daré más explicaciones. Lo que sí contaré es que meses después, ya en Madrid, desearon devolvernos la deferencia invitándonos a ver una actuación de Les Luthiers. Por desgracia, me sentí un poco rara avis entre tanta gente riéndose de cosas que me parecieron ridículas. No moví casi nada la mandíbula, a pesar de seguir siendo el mismo payaso inmaduro que con dieciséis años imitaba a Martes y Trece. Los boletos fueron caros, se agotaron con rapidez y, aunque las críticas que vierten sobre estos argentinos son muy favorables, no me

---

[76] Entre los estrenos del momento, destacaban los musicales Mamma Mía! o El Rey León. Me hubiera gustado ver Rock of Ages, un espectáculo donde se representan clásicos de los 80 de bandazas como Twisted Sister, Poison, David Lee Roth, Whitesnake, Bon Jovi, Journey o Europe, y que también se ofrecía en el Planet Hollywood de Las Vegas.

sorprendieron los gags interpretados, pero yo agradecí la intención de nuestras chicas, faltaría más.

Finalmente, la elección del lugar especial para la cena creo que fue un éxito. Había barajado otras opciones como un crucero nocturno por el río Hudson o una velada en el restaurante **Bargemusic**, un concert hall que flota en el East River, cerca del puente de Brooklyn y con renombrados músicos tocando obras maestras clásicas. Esto es Nueva York, hay miles de posibilidades y puedes localizar las que quieras como atrezzo para decorar tus sueños.

CAPÍTULO 14 - DÍA XIV: 27-8-09. Jueves.

El decepcionante Hall de la Fama / La hebilla que partí por la mitad... recuperada / ¿Ropa vintage o de vagabundo? / Prohibido tocar Stairway to Heaven / El aire "levantafaldas" del Flatiron / ¿Y esa peli porno?. ¡Silencio!, que esto es un museo / Pisamos el Skywalk, vimos el Skyline y ahora toca el Skyride / El anochecer desde el Empire, no es un mal sitio donde estar /

El crimen no requiere un fantasma salido de una tumba. En Nueva York tenemos crímenes sin la colaboración de duendes o demonios

Johnny Depp (1963-)

De nuevo, las 8:20 es la hora de inicio de otra aventura en el corazón de la gran manzana.

Dado que aún hay mucho que visitar, tenemos gustos y criterios muy distintos, y que no nos ponemos de acuerdo, hablamos de que cada pareja siga sus rutas preferidas por su cuenta. Así que Susana y yo nos separamos de Carlos y Marta, quedando en vernos más tarde.

Desayuno un asqueroso café americano y entramos en el subterráneo. Tenemos muchas dudas sobre la dirección a tomar y es que, si te equivocas, no es tan fácil rectificar tu camino como si estuvieras en el de Madrid. Si utilizas las líneas de metro Expresso, hay menos paradas y vas más rápido. Por el contrario, el tren Local se detiene más veces y va lento. Los trenes Uptown van hacia el norte y los Downtown al sur, Crosstown al este y oeste. Hay estaciones en las que solo puede circularse en un sentido. También puede ocurrir que te metas en el vagón equivocado ya que, en el mismo andén, pueden parar distintas líneas con su número y letra correspondientes.

Vuelvo a acordarme de la película de los Warriors, aunque afortunadamente no veo bandas violentas, ni policías deteniendo sospechosos por doquier.

La primera parada del día es la sede del **Rock & Roll Hall of Fame**. Todo lo que tiene que ver con la música, es mi debilidad. En Las Vegas, sobre todo, cedí frente a los demás para visitar muchas cosas que no me interesaban y ahora no quiero dejar pasar la oportunidad de ver el museo de este organismo.

Fundado por Jan Wenner, junto con los integrantes de un jurado de "expertos", deciden anualmente incluir en el hall a quién les da la gana, aunque luego existe la posibilidad de que los fans voten, creando bastante polémica, ya que dejan fuera leyendas que deberían estar desde el primer día, por su influencia en la historia del Rock, como por ejemplo Judas Priest, Bon Jovi, Guns'N'Roses, Kiss, Iron Maiden, Deep Purple, Nirvana o Dire Straits[77]. Sin embargo, sí incorporan a raperos o iconos como Madonna, Abba o Prince, que no pintan nada dentro de este estilo.

Tras pillar el ticket, nos quedamos en un recibidor en cuyas paredes están escritos los nombres de todos los músicos agraciados. Al lado del logo de cada estrella hay un orificio para introducir auriculares y escuchar su tema más reconocido. La zona se va oscureciendo y los artistas se iluminan y apagan de manera intermitente. A pesar de que parece haber una progresión entre la música, las luces y la velocidad de la intermitencia, llevamos tanto rato aquí que Susana me dice:

- *Creo que el museo es solo esto. Menos mal que no nos ha costado nada pasar gracias a la New York Pass.*

- *¿No jodas?, ¡no puede ser!, ¡vaya timo!. – contesto yo.*

---

[77] Kiss y Nirvana fueron admitidos en 2014, Guns'N'Roses en 2012, Deep Purple en 2016, y Bon Jovi y Dire Straits en 2018.

El caso es que nos alejamos de esta habitación dispuestos a preguntar o poner una reclamación cuando alguien, que parece ser un trabajador del lugar, nos dice que esperemos, que ya empieza la visita. Y así es como se queda como un paleto, ¡jajaja!.

El sonido y las luces se aceleran y, finalmente, el recinto se ilumina de golpe, dando acceso a una entrada que había permanecido oculta hasta este momento.

El museo tiene una zona principal bastante amplia y otras estancias algo más reducidas. Lo cierto es que no se tarda mucho en ver y tampoco es gran cosa[78], simplemente es algo curioso para los que adoramos la música y somos seguidores de estilos como el rock, hard rock, heavy, progresivo, melódico, etc.

Hay recuerdos personales de The Beatles, Rolling Stones, Springsteen, Hendrix o Bob Dylan. Destaca una zona dedicada a John Lennon en la que pueden verse videos poco conocidos (no relacionados con la banda de Liverpool) en los que se le observa haciendo cosas cotidianas como pasear con Yoko por Central Park.

En la tienda de souvenirs me compro unos posavasos de AC/DC que usaré desde entonces, con nostalgia, los fines de semana, para depositar en ellos ricas cervezas artesanales.

Dado que estamos en el corazón del **SOHO** neoyorquino, nos damos una vuelta por tan famoso barrio. El nombre es acrónimo de South of Houston y pasó de ser una zona industrial a un lugar de boutiques, restaurantes y residencia de artistas de todo palo. Algo similar ocurrió en Tribeca. Es un referente en galerías de arte, locales de moda, comercios de antigüedades, etc., aunque actualmente se ha ido vaciando de bohemios y el nivel adquisitivo ha subido, lo que se refleja en más exclusividad y precios más caros.

Es evidente que Susana está encantada abordando tiendas, mientras yo me aburro bastante, sobre todo en establecimientos de ropa como **DKNY** o

---

[78] En la actualidad, está cerrado y no me extraña, ya que no aprovechaba sus recursos al completo y quedaba en un "quiero y no puedo".

MAC, ya que a mí el maquillaje, es algo que solo me interesa en la cara de una mujer o en la de un grupo glam de hard rock.

Sí me gusta *Evolution Store*, una dependencia llena de calaveras de todo tipo, cultura, país y tamaño. Algo macabra, eso sí, con fósiles, esqueletos, bichos disecados variados y esqueletos.

Después paramos en *What Goes Around Comes Around*, donde me flipan algunas cosas, pero todo es carísimo. Me da rabia porque veo una chupa y varias camisas muy guapas, aunque a precios desorbitados. De repente, descubro algo que me trae muchos recuerdos: la primera hebilla de cinturón que tuve fue una de un tren del oeste, que mis padres me trajeron de unas vacaciones que hicieron en Mallorca. Me duró muchísimos años, hasta que un día se partió por la mitad. Quizá no pudo soportar más mi barriga incipiente o el excesivo uso al que estuvo sometida. El caso es que aquí está una igual, con el caballo de hierro de la Wells Fargo And Company, así que tengo que llevármela a pesar del coste. Es solo un simple trozo de metal, pero me puede la nostalgia.

Para no perder tiempo a la hora del alimento, pillamos un trozo de pizza y nos ponemos a buscar como locos la tienda Apple en el 103 de Prince Street. Susa lleva un tiempo queriendo ir al baño, a ser posible a uno que esté limpio y sea espacioso. Recurrimos a la famosa tienda del señor Steve Jobs y ya de paso aprovechamos para disfrutar de uno de sus locales favoritos. Nos cuesta bastante llegar hasta aquí, discrepamos sobre el camino más corto, que si *"no tienes ni idea"*, que si *"no te sabes orientar"* y al final acabamos enfadándonos. El cansancio también hace mella en nuestra paciencia.

Pasamos por una boutique un poco cutre, llamada *OMG*, que tiene ropa "calidad mercadillo". De aspecto muy básico, expone todo amontonado y colocado sin gusto, como si su destino fuera un camión de ayuda humanitaria. Pero mira por donde ¡tienen camisas vaqueras!. La verdad es que no son nada bonitas. No tienen bolsillos, ni detalles de adorno que las hagan merecedoras de mi compra, pero no he visto ninguna hasta ahora después de patear tiendas y tiendas[79].

---

[79] Pocos años después, las camisas vaqueras se pondrían de moda otra vez y aparecerían en número y variedad, y en grandes superficies como Primark.

Una dificultad que no he mencionado hasta este momento, es el tallaje de las prendas. No es el mismo que en España. Para camisas, zapatos, pantalones, la correspondencia son números y esto hace que tengas que probar y probar hasta dar con la tuya. También llaman la atención las tallas grandes que abundan por cualquier sitio, XL, XXL, ¡incluso XXXL!. Al final, me puede la necesidad y pillo tres camisas vaqueras[80].

Vamos entonces a otra dependencia que tengo apuntada en las rutas organizadas previamente, por haber leído buenas críticas sobre su género, pero nos decepciona enormemente. Se llama *Tokyo 7* y no tiene artículos vintage, no. La ropa es directamente restos del stockage de la película Los Miserables, pero de hace cincuenta años. A mí no me gusta, pero a Susana directamente le espanta.

Estamos en la zona de *East Village*, caracterizada por tener edificios bajos, sin rascacielos y tiendas poco conocidas, y menos turísticas que en los lugares más populares. Aquí entramos en *Kielhs*, local de maquillajes, cremas y similar, que le gusta mucho a Susana en España. El suelo es todo de madera y la decoración está muy chula, sobre todo por las preciosas motos que tiene expuestas.

Mi sueño de comprarme la guitarra Gibson Les Paul en Estados Unidos y traerla a Toledo se ha desvanecido casi por completo. He decidido que ni de coña la facturo y aparto de mi lado para que sufra padecimientos. Las complicaciones que puede haber por las tasas de aduana y luego que, dentro del avión, no la guarden adecuadamente en un compartimento para instrumentos, hacen que haya renunciado casi, casi, a comprarla aquí. De todos modos, queda una posibilidad y es que me salga tan barata que no pueda desaprovechar la oportunidad. Por eso entro en el *Guitar Center*. No es como el de Las Vegas, pero veo el famoso cartel que prohíbe tocar *Stairway to Heaven*. Ya hacían una broma con esto en la película El Mundo de Wayne, pero no escuché la historia hasta poco después. Resulta que los chavales que se ponen a probar guitarras, entre las canciones que practican, siempre termina sonando el tema de Led Zeppelin en un porcentaje de

---

[80] Son tan grandes y tan adecuadas para ir a trabajar a la granja a domar caballos, que pocas veces me las pondría en el futuro. Dinero tirado a la basura.

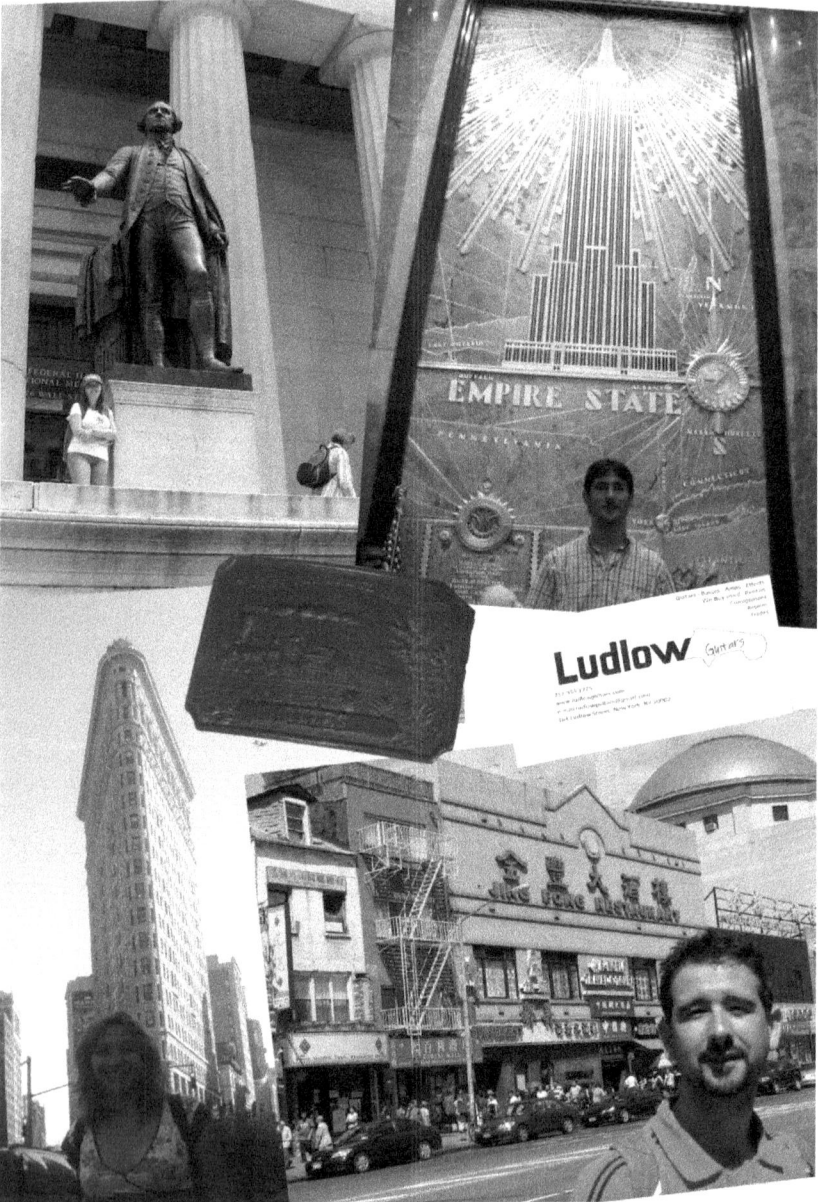

ocasiones tan alto, que acabó por hartar a los trabajadores de estos locales. De ahí que tomaran la decisión de poner una prohibición.

Me agobio un poco con los precios y ni siquiera pido probar cualquier modelo. Pienso igual que en Las Vegas, que me va a gustar tanto el tacto, la digitación, el sonido, la comodidad del mástil, que me voy a arrepentir de no llevármela. Y algo me dice que no me la tengo que llevar. En la Ciudad del Pecado me ahorraba 500 o 600 € con respecto a Europa, pero tenía el problema añadido de tener que traerla en avión a Nueva York, que no me la robaran en el hotel todos estos días y, de nuevo, otro vuelo a Madrid. Demasiado riesgo. Por eso dejé la decisión para tomarla aquí, pero las dudas siguen sin disiparse y el ahorro ya no es tan grande[81]. A cuatro o cinco calles de aquí está *Manny's Music*, donde Jimi Hendrix compró su primera Stratocaster en 1966, pero al final no voy.

El caso es que ya no tenemos demasiado tiempo, puesto que a las 17:00 horas hemos quedado con Carlos y Marta para subir al Empire State. Nos pilla de paso el edificio *Flatiron* y aprovechamos para sacar unas fotos frente a tan peculiar construcción. Cuando se finalizó en 1902, era de los más altos de la ciudad. Realmente se considera el primer rascacielos de Nueva York. Está en una manzana triangular y ese es su aspecto, como una cuña aerodinámica. Esta forma produce en el viento un efecto túnel, calles arriba de donde está situado. Ahora es anecdótico, pero a principio de los años diez del siglo pasado, ver las pantorrillas desnudas de una mujer era algo excitante, por lo que una buena cantidad de mirones se colocaban a lo largo de la acera para ver cómo el aire levantaba las faldas de las transeúntes. A veces tenía que intervenir la policía para expulsar a los pervertidos.

Llegamos puntuales para reunirnos con los amigos y hacer cosas conjuntamente, como durante el resto del viaje. Lo cierto es que, aunque hemos estado separados pocas horas, encontrarnos es sentir un pequeño oasis de amistad, un reencuentro patriótico entre íntimos que parece que nos vemos por primera vez en un entorno desconocido como es, no otro país, sino otro continente.

---

[81] Poco después, a finales de 2010 adquiría en Madrid una Les Paul Standard preciosa, que colmaría uno de mis sueños de adolescente.

Nos cuentan que han estado en Chinatown y que es como "viajar dentro de un viaje", ya que los habitantes y rótulos orientales hacen que te desplaces a la cultura milenaria de los emperadores chinos. Han visto la estatua del filósofo Confucio, el primer cementerio español-portugués y han pasado por Little Italy y por Wall Street, haciéndose fotos en la gigantesca bandera americana que cuelga del edificio de la bolsa de Nueva York, con el toro del distrito financiero y con la estatua de George Washington del *Federal Hall* (primer capitolio y lugar de investidura de George Washington como presidente). También han visitado la iglesia de la Trinidad y han comido en el restaurante *Katz's*, que se hizo famoso por sus enormes sándwiches y por la escena de Meg Ryan, simulando un orgasmo, en la película Cuando Harry Encontró a Sally.

Como ya he repetido en varios capítulos, no habríamos entrado en algunos sitios de no haber sido por la gratuidad de la New York Pass y otro ejemplo fue el *Museo del Sexo*. No por falta de interés, todo lo contrario, sino porque lo que ofrece no aporta nada a las inquietudes de unos jóvenes como nosotros, sexualmente sanos y con unas novias cuya belleza nos satisface enormemente. Ahora en serio, jeje, es un espacio curioso, para visitar con la pareja, sonreír y pasar un rato agradable, pero creo que hasta la palabra "museo" le queda grande. Lo presentan en los folletos promocionales con la "misión de preservar y presentar la historia, la evolución y la importancia cultural de la sexualidad humana", como si fuera algo en vías de extinción que es necesario proteger y fomentar.

El resto de transeúntes no deben pensar así, puesto que es de los rincones más visitados de Nueva York, a pesar de llevar abierto poco tiempo, desde 2002. Solo pueden pasar mayores de edad, como es lógico. Posee una biblioteca multimedia con variado material audiovisual en formato beta, vhs, 8mm, etc., aunque no supera al mayor archivo que existe de este tipo y que, creo, se encuentra en el Vaticano. También hay abundantes juguetes eróticos, fotografías y pantallas con videos que, parece ser, han sido impactantes e importantes en la historia del sexo, como por ejemplo uno de Paris Hilton que se filtró en internet sin su consentimiento. No sé qué gusto le dará a la protagonista que se vea su aventura "cinematográfica" en una galería, pero creo que este documento aporta más morbo que conocimiento o historia al valor del recinto.

102ND FLOOR $15.00

Me hace gracia ver a la gente observando con seriedad un consolador o preservativos de colores, ¡incluso con rigor científico!, como si estuvieran frente a la Gioconda.

Al salir, nos damos un capricho dulce en la famosa cadena **Dunkin Donuts**, que sorprende con la enorme variedad de "roscos" existente. En España estamos acostumbrados al donut normal, glasé, de chocolate, bombón y como mucho al Pantera Rosa, pero en esta franquicia norteamericana hay una muestra espectacular, destacando los rellenos de crema, fresa, con fideos de colores, en forma de flor, de Oreo, etc. Me quedo con la variante "monstruo de las galletas", que se parece a Triki con asombrosa exactitud.

Son casi las siete de la tarde, buen momento para subir al **Empire State Building**, porque empieza a anochecer y las "antorchas" de las ventanas de los edificios se van asomando poco a poco.

Pasamos primero por el **Skyride** del segundo piso, para disfrutar de una película en movimiento. Es un pequeño cine en el que se ejecuta un simulador de recorrido virtual aéreo, a vista de pájaro, que nos guía por arriba, a través y por debajo de Nueva York. Usa el estilo IMAX, que combina tecnología de alta definición, plataformas móviles personalizadas y una pantalla de seis metros. Dura unos 30 minutos y su guía-presentador es el actor Kevin Bacon. Susana siempre ha sentido debilidad por él y yo nunca he entendido qué le ve a un tío que se apellida panceta. Lo reconozco, supongo que son celos. Durante la proyección, el asiento se mueve y balancea mientras en la pantalla, nos sumergimos bajo el agua o volamos por encima de la gran megápolis. Mucho actor de Hollywood, pero mi chica acaba mareada de tanto traqueteo.

La escalada al observatorio de la planta 86 es gratuita con la, mil veces mencionada, tarjeta New York Pass, y os aseguro que no me llevo comisión. Hay otro mirador en la 102, pero hay que pagar un suplemento. El elevador sube tan rápido que se nota la presión en los oídos y en el cuerpo, en general. Demostrando el sentido del humor americano, el ascensorista hace un parón en el nivel 80 fingiendo que nos hemos quedado atascados. Me haría gracia luego, pero el frenazo en ese momento, hace que mis órganos internos se desplacen dentro de mí, con desagradable contoneo. No contento con eso, el controlador del elevador vuelve a hacer un intento por subir, parar otra vez, bajar, reintentar el ascenso, etc. Los amagos generan la risa en el interior del habitáculo.

Ya lo mencioné al hablar de ciertos resorts de Las Vegas, pero me parece muy curioso que muchos hoteles de la ciudad, bloques de viviendas o construcciones como el Chrysler o el Empire no tengan planta número 13, pasando de la 12 a la 14, saltándose tan agorera cifra. En el mundo de la construcción existe la creencia de que evitar ese piso hará ahuyentar las desgracias y la mala suerte. Esto no es algo único del sector inmobiliario, también puede verse, por ejemplo, en algunas compañías aéreas que han eliminado la fila 13 de sus aviones. Actualmente, esta superstición ha ido a menos, ya que la economía influye y una vivienda, si es asequible de precio, tendrá mayor peso que el número de nivel en el que se encuentre.

Cuando accedemos al exterior de la planta 86, quedamos impactados por las bellísimas imágenes que nos ofrece la ciudad de los rascacielos, mientras cae la oscuridad de la noche. Los edificios parece que van cobrando vida propia, mostrando su verdadero ser al incrédulo espectador. Destaca, entre esta marea de luces intermitentes, el apuesto *Chrysler*, de estilo art decó, con 77 pisos y 319 metros de altura. Se levantó para ser la sede de la casa fabricante de vehículos y al acabarlo medía 281,9 metros, solo superado por el Bank of Manhattan Building, con 282,5. Pero alzaron en secreto una aguja piramidal que se instaló en la cima, alcanzando así los 319 y siendo el más alto del mundo, aunque nada más que durante once meses, hasta que lo superó el Empire en 1931 con sus 381 metros (443 contando la antena, aguantando el honor de ser el más elevado del planeta hasta 1972). Por desgracia, el público en general no puede acceder al mirador.

Si uno se fija bien, puede advertir las águilas metálicas de la fachada que sobresalen, cual gárgolas. Lo que ya no alcanzo a ver es si, encima de las mismas, está algún superhéroe postrado, como el Hombre Araña o Batman, esperando el momento para actuar contra el crimen. No es coña, pero en 1994 Alain Robert escaló el Empire State solo con sus manos y pies. Es evidente que su apodo es Spiderman. También ha subido a la pirámide del Luxor en Las Vegas, al puente de Brooklyn y al Golden Gate de San Francisco.

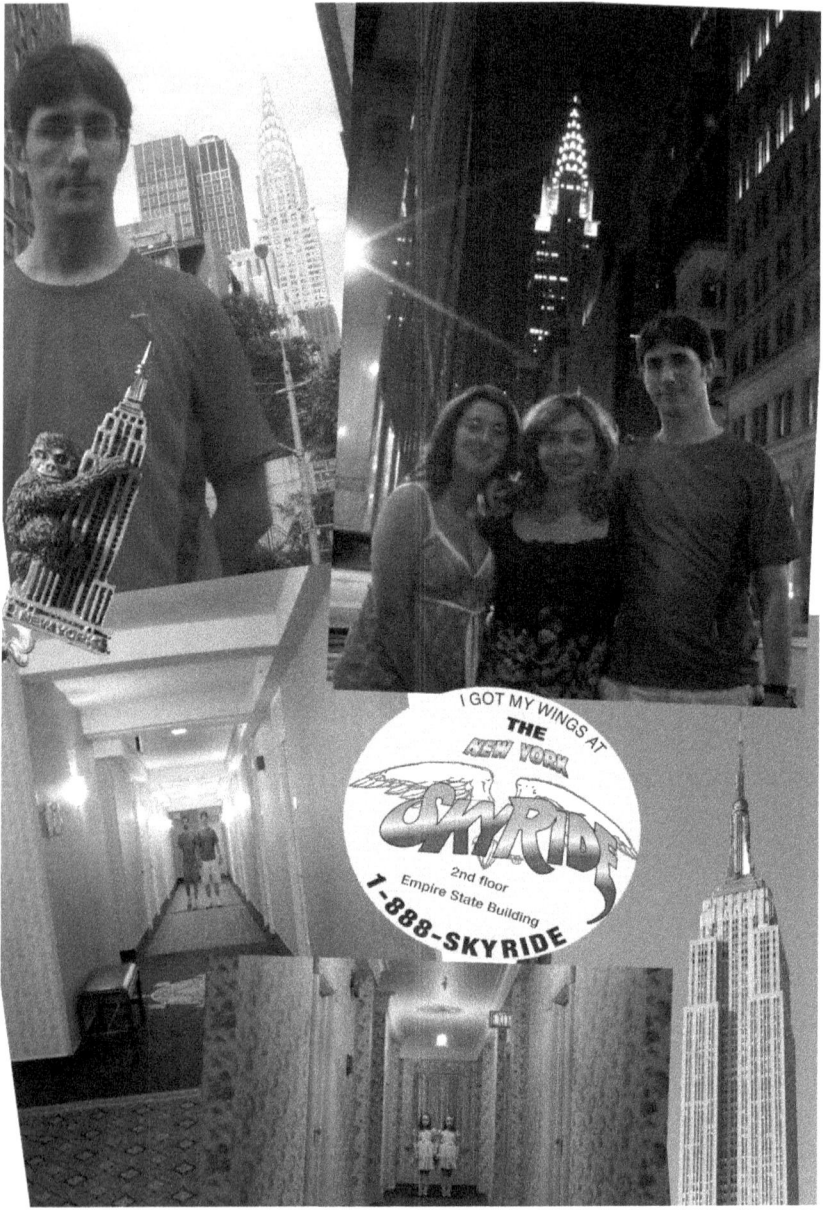

I GOT MY WINGS AT
THE
NEW YORK
SKYRIDE
2nd floor
Empire State Building
1-888-SKYRIDE

Hasta ahora, habíamos hecho algunas fotos del Chrysler desde el suelo y era complicado que saliera completo. Desde aquí se ve muy bonito, pero hay tanta gente que cuesta mucho andar, así que es muy difícil tomar instantáneas en condiciones. Todo turista hace selfies y no es fácil que salga algo por detrás de las cabezas. ¡Qué pena!, nada que ver con el día del Top of the Rock[82], en el Rockefeller Center, en el que estábamos prácticamente solos.

Pumucky también tiene su momento de atención cuando intento hacerle retratos, ya que incluso Susana se preocupa por él:

- ¡Ten cuidado!, ¡no pongas el muñeco ahí que se puede caer! - me dice alterada.

Me resulta muy raro verla interesada por el títere, pero me aclara que nuestra mascota le da igual, lo que le inquieta es que, si se cae, puede herir a algún transeúnte. ¡Ya me parecía a mí!.

Cenamos al lado del Empire, cerquita, para no andar mucho ni complicarnos la vida, ya que estamos cansados y esta aventura está a punto de llegar a su fin.

Ya en el hotel, aprovechamos que Carlos y yo portamos la misma camiseta de deporte, para parodiar la película de El Resplandor en los pasillos de nuestra planta. Después preparamos las maletas y cada cosa que entra en ellas es el recuerdo de una visita, una compra, y rememoramos por un instante toda esta locura de viaje.

Nos acostamos a las 24:30 horas. A ver si mañana podemos aprovechar lo poco que nos queda ya en suelo americano.

---

[82] Página 197.

CAPÍTULO 15 - DÍA XV: 28-8-09. Viernes.

Las emocionantes muestras de amor y respeto tras el 11-S / El corazón financiero / En Little Italy nuestro "dinero" no es bueno / Alguien nos sigue en East Village / El duro regreso a casa

¿Por qué? Esa es la pregunta que me hacen más a menudo. ¿Por qué?, ¿para qué?, ¿por qué caminas por un cable? ¿Por qué tientas al destino?, ¿por qué te enfrentas a la muerte? Pero yo no me lo planteo así. Ni siquiera digo esa palabra: la mort. En su lugar, uso la palabra contraria: vida. Para mí, caminar por la cuerda floja es la vida. C'est la vie.

Frase de la película *El Desafío (En La Cuerda Floja)*, (2015)

Para seguir con la costumbre, volvemos a despertarnos a las 8:20 horas. Desayunamos y las parejas volvemos a separarnos temporalmente.

Es un día triste, que intuye nuestra marcha, con lluvia suave pero incesante, que parece que acaricia, pero empapa poco a poco, traicioneramente. Aunque días atrás nos informamos de que el tiempo cambiaría e iría a peor, esto no va a impedir que gastemos hasta el último minuto en recorrer todo lo que podamos de esta ciudad. Es recomendable consultar la página web del Weather Channel (www.weather.com o www.earthcam.com, con cámaras en tiempo real, ofreciendo diversas partes del mundo) para saber la temperatura que hará. Es importante prestar atención a los grados y al llamado "wind chill factor" o "feels like", que es lo que en España conocemos como "sensación térmica", ya que la humedad en verano, o el viento en invierno, influyen mucho en el resultado térmico final.

Me doy cuenta, demasiado tarde, de que mis zapatillas de deporte tienen un punto débil. El agua ha descubierto una ruta de acceso oculta para su función más conocida de erosión. Esto hace que, al poco de comenzar a andar, tenga ya los pies empapados y los calcetines como bolsas de infusiones de manzanilla. Aguantaré por tanto, la jornada, muy incómodo.

Cogemos el metro dirección Brooklyn B-Federal Hall, en la línea 6. No es fácil orientarse cuando estás acostumbrado a pensar en el subterráneo en dos direcciones, arriba o abajo, norte o sur, pero aquí tienes también este y oeste, y no es sencillo volver para atrás si te equivocas de dirección y te desorientas.

Nos movemos por la zona del distrito financiero de Nueva York, donde se encuentran Battery Park (aquí pillamos el ferry para ver la Estatua de la Libertad), Bowling Green, Wall Street o el World Trade Center. El suelo que pisamos fue colonia holandesa hasta su ascenso como la capital económica del mundo.

Pasamos por el ayuntamiento de la ciudad, el **New York City Hall**, que está al lado del puente de Brooklyn, y llegamos a la iglesia de *Trinity Church* y a la *Capilla de St. Paul*. Nos recibe un cartel en el que se puede leer "To N.Y. city and all the rescuers keep your spirits up… Oklahoma loves you!"[83]. Ha sobrevivido casi de manera divina al incendio de Manhattan de 1776 y a los atentados del 11 de septiembre. Tras ellos y durante ocho meses, más de 14.000 personas de todas las razas y religiones, trabajaron juntas sirviendo comidas, tendiendo camas o rezando con bomberos, obreros de la construcción, agentes de policía y personal médico, quienes transformaron la capilla en un santuario de esperanza.

Hay un libro de firmas lleno de condolencias, muchas escritas en castellano. Me impresiona bastante un expositor lleno de parches de agentes de fuerzas y cuerpos de seguridad, que han ido dejando allí de manera desinteresada. Los encuentras de todos sitios, tanto de EE.UU. como de otros países. De España observo alguno de la policía y bomberos de Málaga, Cádiz, Murcia o Barcelona. Impacta leer "the minute i walked out of that light, everything about the whole day hit me and i cried for hours, I never

---

83   A la ciudad de Nueva York y a los equipos de rescate, mucho ánimo… ¡Oklahoma os quiere!

felt it when I was there, it wasn't ever a strain, no matter how long I stayed"[84].

Imbuidos en un ambiente así, es fácil acordarse de los seres queridos que ya no están. Susana reza un poco por su padre para que supere la dura enfermedad a la que se está enfrentando y yo tengo un recuerdo para mis abuelos, en especial para Juliana, que se marchó de forma muy violenta... atropellada.

No estaba en nuestros planes, pero vamos un poco más al sur y pasamos por el corazón de **Wall Street**. Su nombre viene del siglo XVII, cuando los colonos holandeses levantaron un muro para defenderse de los ataques de los ingleses y de los indios nativos. Aunque la tapia se derribó en 1699, su denominación ha permanecido hasta nuestros días. Paseamos por sus calles llenas de hombres trajeados hablando por el móvil. A lo mejor son administrativos, ordenanzas o profesores a los que les gusta vestir bien, pero el atrezzo y nuestra imaginación les presenta como ocupados brokers de la bolsa.

Nos hacemos fotos toreando al morlaco conocido como **Charging Bull** o Wall Street Bull. Es una estatua de bronce que pesa tres mil kilos. Su autor, Arturo Di Modica se gastó 300.000 dólares en hacerla y transportarla el 15 de diciembre de 1989, dejándola como un regalo para los ciudadanos de la gran manzana. Se supone que representa al pueblo norteamericano enfrentándose a los poderes financieros. Antes de conocer esta historia, pensaba lo contrario y creía que simbolizaba el poder de la economía y el capitalismo, ante los cuales es muy temerario enfrentarte.

Luego encontramos **Daffy's**[85] de casualidad, otros grandes almacenes en los que me tengo que volver a armar de paciencia para que Susana disfrute viendo ropa y complementos.

Me lo agradece regalándome una camisa con cuadros, de esas de "leñador" que tanto me gustan, en la tienda **Abercrombie & Fitch**. Días antes me

---

[84] En el momento en que abandoné aquella luz, todo lo ocurrido durante el día me sobrevino de repente y lloré durante horas.
[85] Cerró sus 19 locales en 2012.

272

había comprado una y estuve a punto de llevarme alguna más, porque según Susa esta cadena no existe en España[86].

Tampoco estaba en nuestros planes, pero cruzamos un momento por **Chinatown** para ver el contraste de los rótulos en chino y creer que hemos cambiado de continente.

Estamos muy cerca de **Little Italy**, que es conocido por haber estado poblado originariamente por inmigrantes italianos. Cada vez ocupa menos espacio, debido al avance de Chinatown y a que los italianos se han repartido por otras zonas.

Vamos a buscar un poco de Italia dentro de esta gran ciudad y lo hacemos a lo fácil, para ganar tiempo, pidiendo unas raciones de pizza en un local. Elegimos las porciones, las calientan en el microondas y cuando vamos a pagar... ¡sorpresa!, no aceptan tarjetas de crédito. ¿Qué?, ¿en la ciudad de los rascacielos?, ¿que no aceptan dinero de plástico?. Apenas tenemos efectivo y, dada la buena experiencia que estamos teniendo con la gente que nos cruzamos desde que pisamos USA, llego a pensar que nos van a invitar, pero nada más lejos de la realidad. Se enfadan, nos enfadamos y nos largamos de allí. ¡Porca miseria!, seguro que son capaces de recalentar los trozos y vendérselos a otros guiris.

Nos hemos quedado con ganas de pizza, así que saciamos nuestro apetito en otro emplazamiento en el que sí aceptan nuestra "peculiar" forma de pago, el Soho Café.

Por si no he tenido suficientes compras, ahora le toca el turno a **Bloomingdale's**, cadena de tiendas donde, además de moda, puedes encontrar muebles, zapatos o menaje de cocina.

Buscamos después algunos comercios que tengo anotados en las rutas de viaje y, como el día anterior, caminamos por la zona de **East Village**. Es aquí donde vivimos la única situación de "temor" y nervios de toda esta aventura. Hasta ahora, todos los sitios donde hemos estado nos han parecido más que correctos en cuestión de seguridad y en ellos nos hemos encontrado tranquilos. Pero esta vez estamos callejeando por barrios menos "glamurosos", con suciedad, grafitis y nos cruzamos con gente de aspecto

---

[86] Poco tiempo después ya tendría representación en nuestro país.

poco agraciado. La sensación de vulnerabilidad se produce porque me fijo que dos tipos llevan varios minutos detrás de nosotros, siguiéndonos, o al menos eso me parece. Cuando después de un rato, veo que siguen detrás, se lo digo a Susana y se pone bastante intranquila. No sé si tenemos demasiada pinta de guiris o de turistas con pasta, pero le digo que tenemos que seguir comportándonos con normalidad y, sobre todo, no acelerar nuestra marcha.

Pasamos al lado de un vehículo Pontiac Firebird Trans Am, como el de la serie del Coche Fantástico. Es posible que haya protagonizado algún capítulo ya que está muy viejo, desgastado por el tiempo y poco cuidado. Quiero hacerme una foto con él, pero Susa tiene miedo de los individuos que continúan detrás, así que seguimos por nuestro camino.

Ya en el metro, perdemos definitivamente a los dos desconocidos. No sé si fue una impresión mía equivocada, que por casualidad llevaban nuestra misma dirección o que finalmente han pasado de nosotros y optan por otras víctimas, el caso es que desaparecen de nuestra vista.

Regresamos al hotel por la línea 6 de metro y nos bajamos en la estación Grand Central. Son las 16:10 horas y estamos agotados, con el cuerpo entumecido de la continua lluvia que no ha dejado de molestarnos en todo el día, y con los calcetines calados. Carlos y Marta llegan a los diez minutos. Nos cuentan que han estado en la zona de Greenwich Village y han conocido algunas tiendas vintage muy chulas.

Nos damos una ducha para quitarnos el malestar que las inclemencias del tiempo han dejado en nosotros y pillamos un taxi para ir al aeropuerto Newark. Hay muchísimo tráfico, sobre todo en los túneles, y tardamos 45 minutos en llegar. Son las 17:45 pero por suerte vamos bien de tiempo.

A las 19:00 horas ya hemos pasado los controles pertinentes y facturado las maletas llenas de ropa, recuerdos y caprichos de estas espectaculares vacaciones. Solo queda esperar. Estamos tan cansados y saturados de emociones que ni siquiera nos dirigimos la palabra. En la televisión hablan de la muerte de Edward Kennedy. Vemos como unos se van y otros llegan a la Gran Ciudad, supongo que con ilusiones, esperanzas, sueños americanos o simplemente llegan, para la rutina o la inercia de la vida.

La verdad es que esta locura se ha hecho "larga" por el desconcierto causado en la memoria. Cuantas más cosas realizas, la mente piensa que más tiempo ha pasado. Si haces lo mismo a diario, tu cabeza siente que las horas pasan rápido. Aquí los días han avanzado deprisa, pero en general, al mirar atrás, te das cuenta de que parece que llevas meses en suelo americano. Han sido tantas horas despierto que da la impresión de haber transcurrido un periodo mucho más extenso. Y sin embargo ya está, se ha acabado.

En mi agenda he anotado con detalle todas las cosas, punto por punto, que nos han pasado, algo que no he hecho hasta ahora en ningún viaje. Mi intención de relatar todo por escrito en un libro como el presente, está viva desde el primer momento que salimos de Madrid.

Nuestro avión despega a las 22:30 y llega a las 5:30 (hora de Nueva York), en España son las 11:30. Al volver se tarda menos que al ir, gracias a que aprovechamos el movimiento del planeta. El vuelo termina con las pocas fuerzas que aún atesoramos. Dormimos a pequeños sorbos, sintiéndonos agobiados, salvo cuando nos dan un pequeño refrigerio para reponer el resuello, cosa que ocurre por la noche y también al amanecer en forma de exiguo desayuno.

El último transporte que usamos es el Ave de Atocha-Madrid a Toledo, que abordamos a las 13:50, casi por los pelos. Llegamos a casa a las 14:20 del sábado 29 de agosto de 2009, dieciséis horas después de haber salido de la ciudad de Superman. Parece mentira que la última vez que dormimos en una cama, estábamos aún en "the promised land".

CAPÍTULO 16 - DÍA XVI: 30-8-09. Domingo.

El descanso del guerrero / Reflexiones finales / Epílogo

> *El objetivo vital de Tad es divertirse más que nadie en Nueva York, y esto implica bastante movimiento, ya que uno siempre tiene la sensación de que el lugar en donde no está siempre es más divertido que aquel en donde está.*

Texto del libro *Luces de Neón*, de Jay McInerney (1984)

Ayer sábado nos acostamos a las 22:00 horas después de resistir todo el día sin dormir, para dejarnos caer en el lecho a una hora decente y poder descansar, sin que nos afectara el famoso jet lag. Dicen que lo ideal es intentar volver a la rutina lo antes posible, evitando la tentación de pernoctar nada más aterrizar. Hay a quien le afecta seriamente y tiene que tomar pastillas de melatonina.

Hoy domingo, nos hemos levantado a las dos de la tarde, después de dieciséis horas (¡nada más y nada menos!) holgazaneando en la cama. No recuerdo otra ocasión en la que haya pasado tanto tiempo durmiendo.

Ya descansado, ¡faltaría más!, y con la cabeza despejada, puedo pensar con nitidez y hacer balance de las extraordinarias vivencias acaecidas en este viaje. La primera sensación es la de haberme despertado de un sueño. Según voy recordando situaciones, se incrementa la duda sobre si de verdad ha ocurrido todo esto. Pero ahí están las pruebas tangibles: existen fotos, tickets, documentación gráfica y videos como testimonio de que lo vivido fue real y de que los cuatro fuimos protagonistas. Las ampollas en los pies y el dolor de espalda son otros de los testigos de lo sucedido.

También siento como si hubiera atravesado una pantalla de cine y salido de una película, a lo Último Gran Héroe, regresando a la dura cotidianidad.

Vuelvo a vacilar y las dudas me asaltan de nuevo. ¿He estado en lugares reales o eran decorados y escenarios cinematográficos?.

Hasta ahora, pensaba que visitar Estados Unidos era algo inalcanzable, como querer tocar la luna: sabes que está ahí, que existe, la ves todos los días pero no puedes llegar hasta ella. Así me siento ahora, como alguien que ha podido comprobar que Nueva York y Las Vegas pueden estar a tu alcance, y más si ahorras un poco, eres previsor, reservas todo con mucha antelación y encima tienes la suerte de que el valor del euro sea poderoso frente al dólar.

Por desgracia, hay tanto que disfrutar que uno tardaría meses en visitarlo todo. Hubo que descartar demasiado y la ansiedad que tienes, por querer ver todo, te hace pensar que lo importante no es lo que se tiene ante los ojos, sino lo que está por llegar. Esto es muy peligroso porque no terminas de gozar aquello que estás viviendo en ese momento y piensas que deberías estar en otro sitio, para no perderte esto o aquello. Si caes en esta trampa, te agobias y no te contentas con nada, sintiendo una enorme frustración.

Muchas cosas han cambiado dentro de mí tras esta aventura. Una de ellas es que ya no puedo hacer el cálculo mental de dólares a euros, he perdido la soltura. Otra es el antiamericanismo que profesaba, como pensamiento crítico, hacia una nación cuya política exterior siempre me ha repugnado. A veces con razón y otras sin causa justificada, he estado en modo antinorteamericano durante épocas diversas. Negar lo yanqui por norma, ha sido un plato que he degustado con regularidad. Cuán equivocado estaba y eso que uno de mis cánones de conducta es "critica con conocimiento de causa". Pero los hay que somos rebeldes sin causa, o con muchas causas, pero pobres.

El caso es que ya no soy tan radical y he conocido estadounidenses estupendos, simpáticos, educados y correctos. No sabrán dónde está España, pero se interesan por tu procedencia y les preocupa su imagen, queriendo que te vayas de allí contento para hablar bien de ellos a los demás. Sigo siendo antiimperialista, pero está claro que hay que vivir desde dentro otras culturas. Creer que piensan igual trescientos millones de habitantes, repartidos en cincuenta estados de casi un continente, es de necios. Así pues, me he vuelto más tolerante.

Reviso de nuevo las fotografías y las grabaciones propias para volver a ser consciente de la grandeza de estas vacaciones. Recordar todo es un ejercicio maravilloso, porque eso significa revivir. Cuando te ocurre algo así, son tantos los estímulos que te rodean que la percepción queda bloqueada y uno no llega a darse cuenta por completo de lo que le está sucediendo. Incluso subestimas la situación y dices: *"pues sí, esto es solo una calle, con sus taxis amarillos, con el autobús escolar como el que conduce Otto en Los Simpsons, con el luminoso que pone don't walk, el semáforo colgado de un cable y al fondo el Empire State... no parece nada de otro mundo"*. ¿Pero cómo qué no?, ahora que ya no estoy allí, que me encuentro tan lejos, es cuando sonrío y disfruto de nuevo, casi más que antes, porque ahora todo encaja, ocupa su sitio y soy consciente de que los sueños a veces se pueden hacer realidad.

Puede que quien me lea esté pensando: *"¡vaya pesado!, que sí, que sí, que ha sido muy bonito, ¡pero acaba ya!"*. Es que es la verdad, ha sido espectacular y me faltan las palabras para contarlo, a pesar de que ya he escrito un libro entero sobre ello.

Con permiso de los expertos registradores de derechos de autor, terminaré imitando al actor Rutger Hauer y a su personaje Roy Batty en Blade Runner, y diré que he visto cosas que vosotros no creeríais: *el poder creador del hombre a través de los inmensos rascacielos que provocan a los dioses, los ciclópeos casinos en Las Vegas y los titánicos puentes de metal en Nueva York. He visto la obra maestra de la naturaleza en El Gran Cañón, más allá de Colorado, y las soberbias cataratas de Niágara. Todos estos momentos se perderán en el tiempo, como lágrimas en la lluvia... Es hora de programar otra aventura.*

Milton Keynes UK
Ingram Content Group UK Ltd.
UKHW022348260524
443218UK00013B/513

9 780244 768645